# 货品知识

主　编　郑东仁　陈　芳
副主编　叶　丹　李武胜　赵　琳
参　编　留　翠　蒋佩玲　巴　燕
　　　　陈思齐　徐卫华　吴月霞

北京理工大学出版社
BEIJING INSTITUTE OF TECHNOLOGY PRESS

版权专有 侵权必究

### 图书在版编目（CIP）数据

货品知识 / 郑东仁，陈芳主编. -- 北京：北京理工大学出版社，2021.11
ISBN 978-7-5763-0668-2

Ⅰ. ①货… Ⅱ. ①郑… ②陈… Ⅲ. ①物流管理 – 中等专业学校 – 教材 Ⅳ. ①F252

中国版本图书馆 CIP 数据核字（2021）第 227914 号

| | |
|---|---|
| 出版发行 / 北京理工大学出版社有限责任公司 | |
| 社　　址 / 北京市海淀区中关村南大街 5 号 | |
| 邮　　编 / 100081 | |
| 电　　话 /（010）68914775（总编室） | |
| 　　　　　（010）82562903（教材售后服务热线） | |
| 　　　　　（010）68944723（其他图书服务热线） | |
| 网　　址 / http://www.bitpress.com.cn | |
| 经　　销 / 全国各地新华书店 | |
| 印　　刷 / 定州市新华印刷有限公司 | |
| 开　　本 / 889 毫米 × 1194 毫米　1/16 | |
| 印　　张 / 10 | 责任编辑 / 王晓莉 |
| 字　　数 / 205 千字 | 文案编辑 / 杜　枝 |
| 版　　次 / 2021 年 11 月第 1 版　2021 年 11 月第 1 次印刷 | 责任校对 / 刘亚男 |
| 定　　价 / 38.00 元 | 责任印制 / 李志强 |

图书出现印装质量问题，请拨打售后服务热线，本社负责调换

# 前言 Preface

本书结合中等职业学校高素质技能型人才的培养目标，结合相关行业、企业的人才结构现状、专业发展趋势和职业岗位群对知识技能的要求等方面，进行了系统的调研和梳理，在把握行业、企业的人才需求与职业学校的培养现状，掌握国内中等职业学校各专业人才培养动态的基础上，最终确立了编写的新思路。

货品知识是物流专业的一门选修课程，力求在继承传统的货品知识的基础上，根据现代物流的最新发展，对货品知识进行重新整理和拓展，系统地阐述货品的相关理论与实践知识。其功能在于：学生通过学习，掌握基本知识，具备货品知识的基本技能和专业技能，达到掌握商品经济，适应专业岗位上岗的标准。本课程服务于工业企业、商品流通企业的需要，具有相对的独立性；同时，为物流专业的其他主干课程做铺垫。

本书着重介绍货品的种类、检验、包装与养护等知识；同时，从货品的属性、养护、验收、包装标志和运输等方面对常见的普通货品和特性货品等进行了详细的介绍；具有较高的实操性，内容涵盖新标准、新技术、新方法，版式风格新颖。

本书以就业为导向，通过生动有趣的、与生活实际贴近的案例导入任务，进而对完成任务所需的知识技能展开讲解，适合采用项目教学法、任务引领教学法。每个项目都设置了"知识目标""技能目标"和"思维导图"等模块，每个任务都按照中职学生的认知特点分成"任务描述""任务实施""知识链接"和"课后习题"四个模块，同时，通过设计情景模拟、任务实施与拓展等训练活动，要求学生做学结合，边学边做，以提高学生的学习兴趣，强调专业理论知识为业务操作服务。这样的结构安排更适合中等职业学校专业教学标准的需求，难易度适中，更符合目前中职学生的能力水平。通过学习，使学生了解和掌握货品知识的基本知识和基本技能，培养学生解决问题、分析问题的能力及学生岗位实际能力，缩短学生校内学习与实际工作的距离，注重学生动手能力的培养，提升中职学生的岗位竞争能力，为以后在工作中提高和改善企业经营管理水平打下良好基础。

# 目录 Contents

**项目一　货品基础知识** ·········································································· 1

　　任务一　货品分类知识 ······································································· 2

　　任务二　货品包装知识 ······································································· 8

　　任务三　货品检验知识 ······································································ 17

　　任务四　货品养护知识 ······································································ 24

**项目二　清洁普通货品** ········································································ 29

　　任务一　塑料制品知识 ······································································ 31

　　任务二　玻璃制品知识 ······································································ 42

　　任务三　日用化学品知识 ··································································· 47

　　任务四　服装制品知识 ······································································ 60

　　任务五　金属材料制品知识 ································································ 69

**项目三　液体普通货品** ········································································ 77

　　任务一　普通饮料知识 ······································································ 78

　　任务二　油类制品知识 ······································································ 88

## 项目四 粗劣普通货品············································································ 99

### 任务一 气味货品知识········································································· 100
### 任务二 易扬尘性货品知识···································································· 111

## 项目五 特性货品·············································································· 119

### 任务一 危险货品知识········································································· 120
### 任务二 易腐性冷藏货品知识································································· 137
### 任务三 长大、笨重货品知识································································· 145

## 参考文献······················································································· 154

# 项目一

# 货品基础知识

## 知识目标

- 了解货品的含义。
- 了解货品检验的概念。
- 了解货品包装的概念、功能及包装标志。
- 了解货品养护的概念、目的及基本措施。
- 熟悉货品的分类。
- 掌握货品检验的内容。
- 掌握货品包装的分类。

## 技能目标

- 能够根据货品检验的方法对货品进行检验。
- 能够识别货品包装物上的各种标志。
- 能够采取适当的措施对货品进行养护。

货品知识

## 思维导图

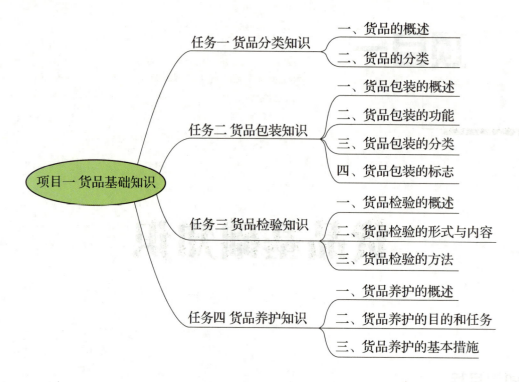

# 任务一　货品分类知识

### 任务描述

某转运公司接到企业客户订单，帮助其运输不同类型的货品，其中包括 800 台 34 FT 的品牌彩色电视机、300 台 242 L 的电冰箱、500 箱饼干、1 000 t 塑料制品、200 t 砂石料、20 箱玻璃茶具以及 20 头牛等，分别运往不同的目的地，请为该企业制定合理的运输方案。

### 任务实施

步骤一：以小组为单位，每组 5~7 人，确定一名组长。
步骤二：以组为单位完成订单运输分析货品分类方案。
步骤三：参照各类商品的不同属性进行货物分类，并制定企业运输方案。

项目一　货品基础知识

> 知识链接

## 一、货品的概述

货品是指经由运输部门承运的一切原料、材料、商品以及其他产品或物品。

货品是运输生产的主要对象。在物流过程中，需要运输的货品品种繁多、自然属性各异且批量不一，因此，基于货品运输生产过程的复杂性和重要性，我们非常有必要对货品进行科学分类。由于货品在运输、装卸、包装、保管等环节的要求各不相同，我们可以依据运输方式、装卸搬运方式、储存场所及自然特性等对货品进行分类，从而在工作中尽可能地使运输条件适应货品，以保证货品的运输质量和安全，提高运输效率。

另外，还可以从不同的角度对货品进行分类，如按货品的包装形态分类、按货品的装运要求分类、按货品进出境的报关程序分类、按货品的自然特性分类等。

> **想一想**
> 为什么要对货品进行分类？

## 二、货品的分类

### （一）按货品的包装形态分类

按包装形态划分，货品可分为件装货品、散装货品以及成组装货品三种类型。

#### 1. 件装货品

件装货品又称件杂货或杂货，以件数和重量承运，其标志、包装形式不一，性质各异，一般批量较小且票数较多。件装货品按其包装特点可分为包装货品和裸装货品。

（1）包装货品。包装货品是指装入各种材料制成的容器中的货品或捆扎的货品，如袋装货品、桶装货品、捆装货品等。

（2）裸装货品。裸装货品是指在形态上自成件数，在运输中不用另加包装（或简易捆束）的货品，如汽车、钢板、木材等。

#### 2. 散装货品

散装货品简称散货，是以散装方式进行运输，以重量承运，无标志，无包装，不易计算件数的货品，一般批量较大且种类较少。散货按其形态可分为干制散装货品和液体散装货品。

（1）干制散装货品。如矿石、化肥、煤等。

（2）液体散装货品。如原油、动植物油等。

### 3. 成组装货品

成组装货品是指用托盘、网兜、集装袋和集装箱等将件装货品或散货组成一个大单元进行运输的货品。成组装货品又可分为以下几类：

（1）托盘货品。托盘货品是指将若干包（件）货品集合起来放在一个托盘上，用塑料薄膜等材料连同托盘一起形成一个装运单元进行运输的货品。

（2）网兜货品。网兜货品是指使用棕绳或尼龙绳、钢丝绳等编织的网兜来盛装的货品。

（3）集装袋货品。集装袋货品是指装入可折叠的涂胶布、树脂加工布等软材料所制成的大型袋子中的货品。适用集装袋的货品类型广泛，主要是粉粒体货品，如矿砂、水泥、纯碱等。

（4）集装箱货品。集装箱货品是指装入集装箱内进行运输的货品。按性质和形态，可选用通用集装箱或特种集装箱装运。按装运方式，集装箱货品可分为整箱货和拼箱货。

## （二）按货品的装运要求分类

按货品装运要求的不同，可以将货品分为普通货品和特殊货品两大类。

### 1. 普通货品

普通货品是指由于本身不具有特殊性质，所以在运输过程中没有规定特别条件的各类货品。

普通货品又分为以下几类：

（1）液体货品。液体货品是指盛装于桶、瓶、罐、坛内的，在运输过程中容易破损、滴漏的各种流质或半流质货品。如酒类、药品、各种油类及其制品、普通饮料等。

（2）清洁货品。清洁货品是指洁净的、干燥的货品，也可称为精细货品（Fine Cargo）。如供人们食用的糖果、糕点、茶叶；在运输保管中不能混入杂质或被污染的各种针织品；不能受重压、磕碰、摔打的易碎品中的陶瓷器、玻璃制品；肥皂、洗衣粉、洗面奶等各种洗涤用品和化妆品；盆、杯子等各种塑料制品。

（3）粗劣货品。粗劣货品是指具有散发异味、易水湿、易扬尘和易渗油等特性的货品。如货品中会散发气味的生皮、鱼粉、烟叶、大蒜、氨水、油漆等；易扬尘并使其他货品受污染的水泥、炭黑、矿粉、颜料等；易渗油的煤油、豆饼等。

### 2. 特殊货品

特殊货品是指本身的性质、体积、重量和价值等方面具有特别之处，在积载和装卸保管中需要采用特殊设备和采取特别措施的各类货品。

特殊货品包括以下几类：

（1）危险货品。危险货品是指具有燃烧、爆炸、毒害、污染、腐蚀和放射射线等性质，在运输过程中会引起人身伤亡、财产毁损，在积载、装卸和保管中需要采用特殊设备、采取特别措施，且需要按照有关危险货品运输规则的规定进行运输的货品。

（2）冷藏货品。冷藏货品是指在常温条件下容易腐烂变质或需要使用冷藏箱、冷藏船、冷藏舱在某种指定的低温条件下运输的货品。这类货品又称鲜货，如新鲜的或处于冷冻状态的牛肉、鱼肉、鸡肉、蛋及其制品，处于低温状态的水果、蔬菜等。

（3）贵重货品。贵重货品是指本身价格昂贵的货品。如金、银等贵重金属，玉器首饰，货币，高档电器，精密仪器，名贵药材，历史文物，以及其他高价货品。

（4）有生动植物货品。有生动植物货品又称活货，是指具有正常生命活动，在运输过程中仍然需要特别照顾，需维持其生命和生长机能，以避免其枯萎、患病或死亡的动植物货品。如牛、马、猪、羊等家畜，鸡、鸭、鹅等家禽，以及其他兽类、鸟类、鱼类等活的动物货品；花卉、树苗、盆景等植物货品。

（5）长大、笨重货品。长大、笨重货品是指重量超过一定界限或者单件体积过大（过长）的货品。如钢轨、机车头、各种成套的设备等。

根据我国港航计费规定，每件重量为 3～5 t 的货品为重件，超过 5 t 的为超重件，长度超过 9 m 的货品为长大件；国际标准规定，每件质量超过 40 t 的货品为超重件，长度超过 12 m 的货品为超长件，高度或宽度超过 3 m 的货品为超高或超宽件。在国际贸易货品运输中，有时也以船舶、码头的起吊能力作为划分长大、笨重货品的标准，例如，卸货港码头上无起吊设备，而船舶吊杆的安全负荷为 8 t，这时，质量超过 8 t 的货品就是重件货品，承运人或其在装货港的代理人应该将质量在 8 t 以上的货品的情况及时通知卸货港代理人，以便卸货港代理人联系、安排设备进行卸货作业。

（6）邮件货品。邮件货品是指出入境的邮件、包裹等货品，要求交货迅速，以便能及早送到收件人手中。

（7）拖带运输货品。拖带运输货品是指较适于经编扎后在水上拖带运输，而不便于装载在船舶上运输的货品，如竹子、木排、船坞等。

（8）涉外货品。涉外货品是指外国驻华使领馆、团体和个人的外交用品，以及国际礼品、展览品等物品。

### （三）按货品进出境的报关程序分类

报关程序是指进出境运输工具负责人、进出口货品的收发货人和进出境物品的所有人或者其代理人按照《中华人民共和国海关法》（以下简称《海关法》）的规定，办理运输工具、货品、物品进出境及相关海关事务的手续和步骤。根据货品进出境时报关程序的不同，可以将货品分成以下几类：

#### 1. 特定减免税货品

特定减免税货品是指海关根据国家的政策规定准予减免税进境，使用于特定地区、特定企业、特定用途的货品。其中，特定用途的减免税货品包括国内投资项目、利用外资项目、科教用品、残疾人专用品等；特定企业的减免税货品主要是指外商投资企业的减免税货品；特定地区的减免税货品包括保税区和出口加工区的减免税货品。

### 2. 一般进出口货品

一般进出口货品是指在进出境环节缴纳了进出口税费并办结了所有必要的海关手续，海关放行后不再进行监管的进出口货品。如转为实际进口的原保税货品和原暂准进出境货品，易货贸易、补偿贸易进出口货品，边境小额贸易进出口货品，实际进出口货样广告品及其他不享受特定减免税和不准予保税的一般贸易进口货品。

### 3. 暂准进出境货品

暂准进出境货品是指为了特定目的，经海关批准暂时进境或暂时出境，并在规定的期限内复运出境或复运进境的货品，包括使用ATA单证册[①]报关的暂准进出境货品、展览品、集装箱箱体等。

### 4. 保税货品

保税货品是指经海关批准未办理纳税手续进境，在境内储存、加工、装配后复运出境的货品。保税货品可以分为加工贸易保税货品、仓储保税货品和区域保税货品。

### 5. 其他进出境货品

（1）过境货品。过境货品是指从境外启运，在我国境内无论是否换装运输工具，通过陆路运输，继续运往境外的货品。

（2）转运货品。转运货品是指由境外启运，通过我国境内设立海关的地点换装运输工具，而不通过我国境内的陆路运输，继续运往境外的货品。

（3）通运货品。通运货品是指由境外启运，由船舶、航空器载运进境并由原运输工具继续载运出境的货品。

（4）出料加工货品。出料加工货品是指从我国境内企业运到境外进行技术加工后复运进境的货品。

（5）无代价抵偿货品。无代价抵偿货品是指进出口货品在海关放行后，出于残损、短少、品质不良或者规格不符等原因，由进出口货品的发货人、承运人或者保险公司免费补偿或者更换的与原货品相同或者与合同规定相符的货品。

另外，还有进出境修理货品、进出境快件、溢卸进境货品、误卸进境货品、放弃进口货品、超期未报关货品、一般退运货品、退关货品等。

---

① 即ATA Carnet，是一份国际通用的海关文件，它是世界海关组织为暂准进口货物而专门创设的。

## （四）按货品的自然特性分类

按自然特性的不同，货品可分为以下几类：

（1）冻结性货品。冻结性货品是指含有水分，在低温条件下易于冻结成为整块或产生沉淀的货品。如煤炭、散盐、矿石在低温时易冻结成大块，造成装卸困难；墨汁、液体西药受冻后会产生沉淀，影响质量。

（2）热变性货品。热变性货品是指当所在环境的温度超过一定限值时会发生形态变化的货品，如石蜡、松香、橡胶等。

（3）自热性货品。自热性货品是指在不受外来热源影响下能够自行发热的货品，如油纸、棉花、煤炭等。

（4）锈蚀性货品。锈蚀性货品是指在环境中易于生锈导致毁损的金属类货品，如铁、钢材等。

（5）染尘性货品。染尘性货品是指容易吸收周围环境中的灰尘而被污染甚至失去自身性能的货品，如各种纤维货品、液体货品及食品等。

（6）扬尘性货品。扬尘性货品是指极易飞扬尘埃且能使其他货品受到污染的货品，如矿粉、炭黑等。

（7）易碎性货品。易碎性货品是指机械强度低、质脆易破的货品，如玻璃及其制品、陶瓷器皿、精密仪器等。

（8）吸味性货品。吸味性货品是指容易吸附外界异味的货品，如茶叶、香烟、大米等。另外，有些吸味性货品本身还具有散味性，如烟叶、糖、咖啡等。

（9）吸湿性货品。吸湿性货品是指容易吸收空气中的水蒸气或水分的货品，如糖、盐、化肥，以及棉布等各类纤维织物。

（10）带虫害病毒货品。如未经消毒的生牛羊皮、破布、废纸等。

## 课后习题

[单选题]

1. 下列属于散装货品的是（　　）。

A. 棉花　　　　　B. 生铁块　　　　　C. 石蜡　　　　　D. 盘圆

2. 下列属于粗劣货品的是（　　）。

A. 纸浆　　　　　B. 茶叶　　　　　C. 棉纱　　　　　D. 盐渍肠衣

3. 下列属于特殊货品的是（　　）。

A. 瓷砖　　　　　B. 烟叶　　　　　C. 橡胶　　　　　D. 世界名画

货品知识

# 任务二　货品包装知识

## 任务描述

某配送中心主任接到客户 A 打来的投诉电话,要求对运送的玻璃杯进行退货并重新发货操作。该配送中心仓管员对该批货品进行了检查,发现由于包装不当,货品在运输和搬运过程中发生了损坏。

思考:你觉得怎样包装才能保证玻璃杯在运输和搬运过程中不受损呢?请你帮助该中心选择一种合适的包装方式。

## 任务实施

步骤一:选择合适的包装类型。

参照相关知识,进行小组讨论,并将结果填入表 1-2-1 中。

表 1-2-1　包装种类

| 序号 | 包装种类 | 优点 | 缺点 | 最终选定 |
|---|---|---|---|---|
| 1 |  |  |  | ＿＿＿＿包装玻璃杯最为合适。理由:＿＿＿＿ |
| 2 |  |  |  |  |

注:可根据内容自行加行。

步骤二:选择合适的包装标志。

小组讨论,选择最适合玻璃杯储存运输的包装标志,并说明理由。

玻璃杯属于易碎物品,在运输和搬运中应注意使用防震防撞内托,以此确保杯子不会因相互碰撞或者外力挤压而破碎,发生刮划甚至造成损失等意外。请各小组讨论并设计选择适合的包装标志,以保证在运输和搬运过程中使损耗率降至最低。

步骤三:体验包装作业。

小组根据选择的包装类型、包装标志尝试进行玻璃杯的物流包装作业,见表 1-2-2。

表 1-2-2　玻璃杯包装步骤参考

| 序号 | 步骤参考 |
|---|---|
| 1 | 一般推荐使用气泡膜，将杯子周围包裹好，一定要严实 |
| 2 | 使用胶带（物流中有破损）封上（多绕几圈） |
| 3 | 将包裹好的杯子放入纸箱 |
| 4 | 用碎泡沫或气泡膜等，将纸箱填充严实 |
| 5 | 将合适的包装标志贴在纸箱外，准备储运 |

各小组在实践过程中总结包装技法，填写表 1-2-3。

表 1-2-3　包装技法

| 序号 | 要素 | 方法 |
|---|---|---|
| 1 |  |  |
| 2 |  |  |
| 3 |  |  |

## 知识链接

### 一、货品包装的概述

《包装通用术语》国家标准（GB 4122—83）中对包装有明确定义：所谓包装，是指在流通过程中保护产品，方便储存，促进销售，按一定技术方法而采用的容器、材料以及辅助物等的总体名称。货品包装也指为了达到上述目的而在采用容器、材料和辅助物的过程中施加一定技术方法等的操作活动。因此，货品包装的含义包括两方面：一方面是对盛装货物的容器而言，通常称为包装物，如箱、袋、筐、桶、瓶等；另一方面是指包扎货物的过程，如装箱、打包等。

> **想一想**
> 为什么要对货品进行包装？

## 二、货品包装的功能

货品包装的材料、容器和技术以及外形设计都会对物流其他环节起到重要的作用。货品包装的基本功能有以下几个：

### 1. 保护功能

保护功能是包装最基本的功能，即使商品不受各种外力的损坏。在流通储运过程中，需要经过装卸、运输、库存、陈列、销售等环节，受到各种外界因素的影响，如撞击、污浊、光线、气体、细菌等因素，都会引起破损、污染、渗漏或变质，从而使货品降低或失去使用价值。科学合理的包装能使货品抵抗各种外界因素的破坏，从而保护货品的性能，保证货品质量和数量的完好。

### 2. 便利功能

所谓便利功能，即货品的包装是否便于运输、装卸搬运和仓储，同时也便于消费者使用。首先，货品包装的规格、形状和重量与货品运输关系密切。货品包装尺寸与运输车辆、船舶和飞机等运输工具的箱、仓容积是否吻合，直接影响运输效率。其次，科学、合理的货品包装便于各种装卸搬运机械的使用，可以提高装卸搬运机械的工作效率。再次，在商品进出库时，适合仓库内作业的规格尺寸、重量、形态的货品包装，为仓库装卸搬运提供了方便。在货品储存保管时，货品包装便于维护货品的使用价值，包装物的各种标志使仓库管理者便于识别、存取和盘点。在商品验收时，科学、合理的货品包装易于开包和重新打包。最后，人性化的货品包装设计极大地方便了消费者的使用。

### 3. 促销功能

精美的货品包装可以起到美化货品、宣传货品和促进销售的作用。货品包装设计在促进货品销售的手段中占有重要地位。适度、合理的货品包装具有广告效力，可以美化商品的形象，唤起消费者的购买欲望，达到促进销售的目的。

## 三、货品包装的分类

货品包装种类繁多，性能和用途千差万别，因此对货品包装的要求也有差异。由于选取角度的不同，现在货品包装有多种专业的分类方法：

### 1. 按包装在流通过程中的作用分类

（1）销售包装。

销售包装又称内包装，是直接接触商品并随商品进入零售网点和消费者或同客户直接见面的包装。销售包装一般要与商品直接接触，包装体与商品体在生产中结成一体，如化妆品盒、饮料瓶等。销售包装除了能保护商品、方便运输外，还具有美化商品、宣传商品的作用。

（2）运输包装。

运输包装是以强化输送、保护商品为主要目的的包装。它具有保障商品安全，方便储运装卸，加速交接、点验等作用。运输包装一般不与商品直接接触，而是由许多小包装（销售包装）集装而成，如烟、酒、化妆品等。商品先装进小包装，然后集装于包装容器内。运输包装要求达到保护商品目的的同时，包装费用越低越好。

### 2. 按包装的容器分类

（1）按包装容器的抗变形能力分为硬包装和软包装。硬包装又称刚性包装，包装体有固定形状和一定强度；软包装又称柔性包装，包装体可有一定程度变形，且有弹性。

（2）按包装容器形状分为包装袋、包装箱、包装盒、包装瓶、包装罐等。

（3）按包装容器结构形式分为固定式包装和拆卸折叠式包装两类。固定式包装尺寸、外形固定不变，拆卸折叠式包装通过折叠拆卸，使容积在不需包装时缩减，以利于管理和储运。

（4）按包装容器使用次数分为一次性包装、多次使用包装和周转包装等。

### 3. 按包装的材料分类

按包装材料的材质可分为木制品包装、纸制品包装、金属制品包装、玻璃制品包装、陶瓷制品包装和塑料制品包装等。

### 4. 按包装的保护技术分类

按包装的保护技术可以把货品包装分为缓冲包装、防潮包装、防锈包装、收缩包装、充气包装、灭菌包装、防震包装、组合包装、集体包装、危险品包装等。

## 四、货品包装的标志

货品包装标志是在货品包装外表面用文字、符号、图形制作的特定记号或说明事项。包装标志有助于正确识别商品，方便运输、仓储等有关部门进行工作和收货人收货，对保证安全储运、减少运转差错、加速商品流通有重要作用。根据包装标志作用不同，可将其分为运输标志、指导性标志和警告性标志三类。

### 1. 运输标志

运输标志（Shipping Mark）又称唛头，通常由一个简单的几何图形和一些英文字母、数字及简单的文字组成，其作用在于使货物在装卸、运输、保管过程中容易被有关人员识别，以防错发错运。它在国际贸易中还有其特殊的作用。按《联合国国际货物买卖合同公约》规定,在商品特定化以前,风险不转移到买方承担。而商品特定化最常见的有效方式,是在商品外包装上,标明运输标志。此外,国际贸易主要采用的是凭单付款的方式,而主要的出口单据如发票、提单、保险单上,都必须显示出运输标志。商品以集装箱方式运输时,运输标志可被集装箱号码和封口号码取代。

运输标志的主要内容包括收货人代号、发货人代号、目的港(地)名称、件数、批号。此外,有的运输标志还包括原产地、合同号、许可证号和体积与重量等内容。运输标志的内容繁简不一,由买卖双方根据商品特点和具体要求商定。

### 2. 指导性标志

指导性标志是根据商品的特性,对易损、易碎、易变质的商品,在搬运装卸操作和存放保管条件方面所做出的要求和标明的注意事项,在商品的外包装上用醒目的图形或文字表示的标志。如在易碎商品的外包装上标以"小心轻放",在受潮后易变质的商品外包装上标以"防止受潮",并配以图形指示,故指导性标志又称为安全标志或注意标志。根据《包装储运图示标志》(GB/T 191—2008)规定,包装储运图示标志共有17种,见表1-2-4。

表1-2-4 包装储运图示标志

| 序号 | 标志名称 | 图形符号 | 含义 | 说明及示例 |
| --- | --- | --- | --- | --- |
| 1 | 易碎物品 | (酒杯图形) | 表明运输包装件内装易碎物品,搬运时应小心轻放 | (包装箱图形) |
| 2 | 禁用手钩 | (禁用手钩图形) | 表明搬运运输包装件时禁止用手钩 | |
| 3 | 向上 | (向上箭头图形) | 表明该运输包装件在运输时应竖起向上 | (a)(b)(c) 包装件图形 |

续表

| 序号 | 标志名称 | 图形符号 | 含义 | 说明及示例 |
|---|---|---|---|---|
| 4 | 怕晒 | | 表明该运输包装件不能直接照晒 | |
| 5 | 怕辐射 | | 表明该货品一旦受辐射会变质或损坏 | |
| 6 | 怕雨 | | 表明该运输包装件怕雨淋 | |
| 7 | 重心 | | 表明该运输包装件的重心位置，便于起吊 | 该标志应标在实际位置上 |
| 8 | 禁止翻滚 | | 表明搬运时不能翻滚该运输包装件 | |
| 9 | 此面禁用手推车 | | 表明搬运货品时此面禁止放在手推车上 | |
| 10 | 禁止叉车 | | 表明不能用升降叉车搬运的包装件 | |
| 11 | 由此夹起 | | 表明搬运货品时可用于夹持的面 | |

续表

| 序号 | 标志名称 | 图形符号 | 含义 | 说明及示例 |
|---|---|---|---|---|
| 12 | 此处不能卡夹 | | 表明搬运货品时不能用于夹持的面 | |
| 13 | 堆码重量极限 | | 表明该运输包装件所能承受的最大重量极限 | |
| 14 | 堆码层数极限 | | 表明可堆码相同运输包装件的最大堆码层数，$n$ 表示层数极限 | |
| 15 | 禁止堆码 | | 表明该包装件不能堆码并且其上也不能放置其他负载 | 该标志应标在实际位置上 |
| 16 | 由此吊起 | | 表明起吊货品时挂绳索的位置 | |
| 17 | 温度极限 | | 表明该运输包装件应该保持的温度范围 | (a)<br>(b) |

### 3. 警告性标志

警告性标志又称危险品标志，是指在易燃品、爆炸品、有毒品、腐蚀性物品、放射性物品的运输包装上标明其危险性质的文字或图形说明。

根据国家标准《危险货物包装标志》（GB 190—2009）规定，该标志对常用危险化学品按其主要危险特性进行了分类，并规定了危险品的包装标志，既适用于常用危险化学品的分类及包装标志，也适用于其他化学品的分类和包装标志。标志的图形共21种，19个名称，其图形分别标示了9类危险货物的主要特性，见表1-2-5。

表1-2-5 危险化学品标志

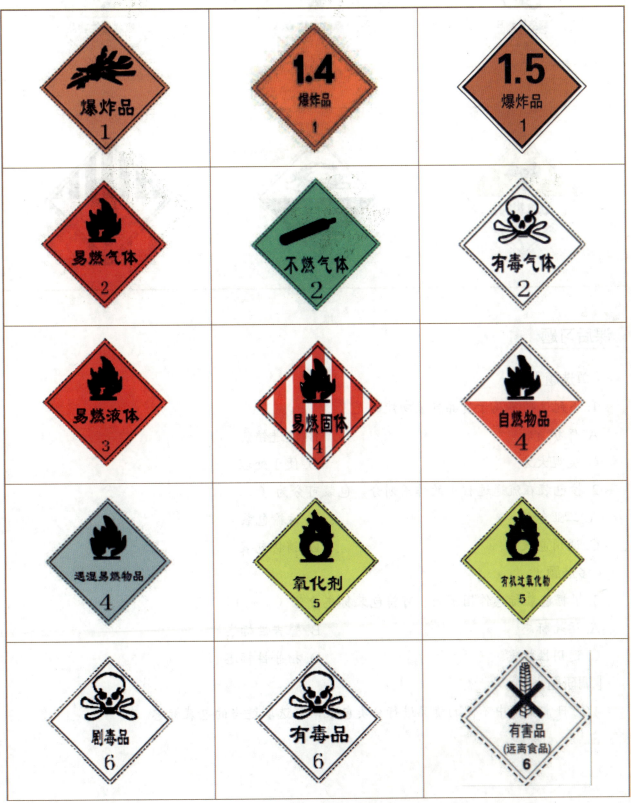

续表

## 课后习题

[单选题]

1. 下列选项不属于货品包装功能的是（　　）。

   A. 保护货物　　　　　　　　　B. 促进销售
   C. 美观大方　　　　　　　　　D. 便于处理

2. 按包装在流通过程中的作用划分，包装可分为（　　）。

   A. 工业包装　　　　　　　　　B. 运输包装
   C. 通用包装　　　　　　　　　D. 销售包装

[多选题]

3. 根据包装标志作用不同，可将包装标志分为（　　）。

   A. 运输标志　　　　　　　　　B. 警告性标志
   C. 通用性标志　　　　　　　　D. 指导性标志

[调研题]

4. 对日常生活中不同的货品进行分类包装，并选取适当的包装标志。

项目一 货品基础知识

# 任务三 货品检验知识

## 任务描述

某学校食堂采购一批货品,共有5箱鸡蛋、3箱西瓜和5 kg青菜,现由你代表食堂对该批货品进行质量检验。

**思考:** 请选择一种合适的质量检验方法。

## 任务实施

步骤一:选择合适的质量检验方法。

参照相关知识,进行小组讨论,并填写表1-3-1。

表1-3-1 检验方法

| 序号 | 检验方法 | 优点 | 缺点 | 最终选定 |
|---|---|---|---|---|
| 1 | | | | _____检验法最为合适。 理由:_____ |
| 2 | | | | |
| 3 | | | | |

注:可根据内容自行加行。

步骤二:填写检验记录表。

小组根据选择的检验方式,对货品进行检验,并将结果记入表1-3-2中。

表1-3-2 货品检验记录

| 序号 | 品名 | 到货日期 | 检验日期 | 检验数量 | 检验方式 | 判定 合格 | 判定 不合格 | 备注 |
|---|---|---|---|---|---|---|---|---|
| 1 | | | | | | | | |
| 2 | | | | | | | | |
| 3 | | | | | | | | |
| 4 | | | | | | | | |
| 5 | | | | | | | | |

检验员:_____

货品知识

> 知识链接

## 一、货品检验的概述

货品检验是指货品的生产方、购买方或者第三方在一定条件下，借助于某种手段和方法，按照合同、标准或国内外有关法律、法规、惯例，对货品的质量、规格、重量、数量、包装、安全及卫生等方面进行检查，并做出合格与否或通过验收与否的判定，或为维护买卖双方合法权益，避免或解决各种风险损失和责任划分的争议，便于货品交接结算而出具各种有关证书的业务活动。

> **想一想**
> 货品检验的目的是什么？

## 二、货品检验的形式与内容

### （一）货品检验的形式

#### 1. 按货品检验的目的分类

根据货品检验目的的不同，可分为生产检验、验收检验和第三方检验三种形式。

（1）生产检验。

生产检验又称为第一方检验、卖方检验。是指货品的生产企业或其主管部门自行设立检验机构，对原材料、半成品和成品产品进行自检活动。目的是维护企业信誉，保证货品质量。检验合格的货品应贴有"检验合格证"标志。

（2）验收检验。

验收检验又称为第二方检验、买方检验。是指货品的买方为维护自身及其顾客利益，保证所购货品符合标准或合同要求所进行的检验活动。在实践中，商业或外贸企业还常派员工入驻工厂，对货品进行全过程监控，发现问题后，促使卖方及时纠正或改进货品质量。

（3）第三方检验。

第三方检验又称为公正检验、法定检验。是指由买卖之外的第三方，以公正、权威非当事人的身份，根据有关法律、合同或标准所进行的货品检验活动。目的是维护各方面合法权益和国家权益，协调矛盾，促使商品交换活动的正常进行。如公证鉴定、仲裁检验和国家质量监督检验等，其检验结果具有法律效力。

### 2. 按货品内外销售情况分类

根据货品内外销售情况，可分为内销货品检验和进出口货品检验两种形式。

（1）内销货品检验。

内销货品检验是指国内的货品经营者、用户及其货品质量管理机构与检验机构或国家技术监督局及其所属的货品质量监督管理机构与其认可的货品质量监督检验机构，依据国家有关法律、法规、技术标准或合同，对内销货品所进行的检验活动。

（2）进出口货品检验。

进出口货品检验是由国家进出口货品检验机构，依照有关法律法规、合同规定、技术标准、国际贸易惯例和相关公约等，对进出口货品进行的法定检验、鉴定检验和监督管理检验。

### 3. 按检验有无破坏性分类

根据检验有无破坏性，可分为破坏性检验和非破坏性检验两种形式。

（1）破损性检验。

破损性检验是指为了对货品进行各项技术指标的测定和试验，经测定和试验后的货品遭受破损，甚至无法再使用的检验，如食品等的检验。

（2）非破坏性检验。

非破坏性检验是指经过检验的货品仍能正常使用的检验，如电器类、纺织品类等货品的检验。

### 4. 按检验货品的数量分类

根据接受检验货品的数量，可分为全数检验、抽样检验和免于检验三种形式。

（1）全数检验。

全数检验又称为全额检验、百分之百检验。是指对整批货品逐个（件）地进行检验。其优点是能提供较多的质量信息，给人一种心理层面的安心感。其缺点是由于检验量大，费用较高，容易造成检验员因疲劳而造成漏检或错检。全数检验适用于批量小、质量特征少，且质量不稳定，较贵重，非破坏性的货品检验，如黄金、钻石等。

（2）抽样检验。

抽样检验是指按照已确定的抽样方案，从整批被检货品中随机抽取少量样品，用于逐一检测，再将检验结果与判定基准进行比对，从而去推断整批货品质量合格与否的检验。由于它检验的货品数量相对较少，所以它占用人力、物力和时间较少，具有一定的科学性和准确性，是比较经济的检验方式，但没有全数检验提供的信息多，会出现一定误差。抽样检验适用于批量较大、价值较低、质量特征较多且质量较稳定或具有破坏性货品的检验，如牙膏、粮食、电线等。

(3)免于检验。

免于检验是指对于货品的质量控制具有充分的保证,成品质量长期稳定的生产企业生产出来的货品,在企业自检合格后,商业和外贸部门可以直接收货,免于检验。食品、动植物、危险品等有特殊要求的货品不能免于检验。

### (二)货品检验的内容

(1)货品质量检验。

货品质量检验也称为品质检验,是指根据合同和有关检验标准规定或申请人的要求对货品的使用价值所表现出来的各种特性,运用人的感官或化学、物理等各种手段进行测试、鉴别。货品质量检验的范围很广,是货品检验的中心内容,主要包括外观质量检验和内在质量检验。

(2)货品重量和数量检验。

货品重量检验是指根据合同规定,采用不同的计量方式对不同的货品计量出准确的重量。

货品数量检验是指按照发票、装箱单或尺码明细单等规定,对整批货品进行逐一清点,证明其实际装货的数量。

货品的重量和数量是贸易双方成交货品的基本计量计价单位,是结算的依据,直接关系到买卖双方的经济利益,因此要求检验机构做出检验和鉴定。

(3)货品安全和卫生检验。

货品安全检验是指对货品有关安全性能方面的项目进行检验,如电子、电器类货品的漏电检验、易燃易爆品检验等,以保证生产、使用和生命安全。

货品卫生检验是指根据国家法律法规,对货品进行卫生检验,检验其是否符合卫生条件,以保障人民健康和维护国家信誉。如食品、药品、食品包装材料、化妆品等的检验。

(4)货品包装检验。

货品包装检验是指根据贸易公司合同、标准规定,对货品的包装标志、包装材料、包装种类、包装方法等方面进行的检验,查看货品包装是否完好、牢固等。

## 三、货品检验的方法

货品质量检验的方法很多,通常分为感官检验法、理化检验法、生物学检验法等几种:

### (一)感官检验法

感官检验法又称感官分析法、感官检查法或感官评价法,是指利用人体感觉器官作为检验器具,结合个人的实践经验,对货品的色、香、味、形、手感、音色等感官质量特性,在一定条件下做出判定和评价的检验方法。

感官检验法的优点是方便简单、快速灵活，不需要专门的仪器、设备和场所，不损坏货品，成本较低且应用广泛。它的缺点是一般不能检验货品的内在质量，检验的结果常受检验人员知识、技术水平、工作经验、感官的敏锐程度等因素影响，带有主观性和片面性，并且检验结果只能用专业术语或记分法表示商品质量的高低，而不能用准确的数字来表示。

感官检验法按照人的感觉器官的不同，可分为视觉检验、听觉检验、味觉检验、嗅觉检验、触觉检验等。

### 1. 视觉检验

视觉检验是指用视觉器官（眼）检查货品的外形、结构、颜色、光泽、新鲜度、疵点等质量特性。

为了提高检验的可靠性，视觉检验必须在标准照明（非直射典型日光或标准人工光源）条件下和适宜的环境中进行，同时，应对检验人员进行必要的挑选和专门的培训。

### 2. 听觉检验

听觉检验是指用人的听觉器官（耳）的敏感性和频率辨别能力判断货品的质量。

听觉检验需要在安静的环境中进行，从而避免外界因素对听觉灵敏度的影响。如从敲击声中检查玻璃制品、瓷器、金属制品有无裂缝和缺陷；乐器、收音机等有无杂音等。

### 3. 味觉检验

味觉检验是指用人的味觉器官（舌）来检查有一定滋味与口感的货品的品质。

人的基本味觉有酸、甜、苦、咸四种，其余都是混合味觉。如辣味是热觉、痛觉和味觉的混合，视觉对味觉也有影响；味觉还受温度、时间、疾病等因素的影响。因此，为了顺利进行味觉检验，要求检验人员必须具备辨别基本味觉的能力，被检样品的温度要与对照样品温度保持一致，并且检验前后要用水漱口。

### 4. 嗅觉检验

嗅觉检验是指用人的嗅觉器官（鼻）来检验货品的气味，从而评价货品的质量。

嗅觉与其他感觉特别是味觉有联系。嗅觉检验目前广泛用于食品、药品、化妆品、日用化学品等货品的质量检验，并且对于鉴别纺织纤维、塑料等燃烧后的气味差异也有重要意义。

### 5. 触觉检验

触觉检验是指用人的触觉感受器（手）对被检货品触摸、按压或拉伸来评价货品的质量。

触觉主要是皮肤受到外界刺激而产生的感觉，如触压觉、触摸觉等。触觉检验主要用于检查纸张、塑料、纺织品以及食品的表面特征和强度、厚度、弹性软硬等质量特性。

## （二）理化检验法

理化检验法也称为实验室检验法，是指在实验室中的一定环境条件下，借助各种仪器、设备和试剂等手段，运用物理、化学的方法来检测货品质量的一种方法。它主要用于检验货品的成分、结构、物理性质、化学性质、安全性、卫生性以及对环境的污染和破坏性等。

理化检验法既可对货品进行定性分析，又可进行定量分析，其结果比感官检验法精确而且客观，不受检验人员主观意识的影响，结果可用数字表示，能深入地分析货品成分内部结构和性质，能反映货品的内在质量。使用理化检验法需要一定仪器设备和检验场所，成本较高，要求条件严格；检验时，往往需要破坏一定数量的货品，消耗一定数量的试剂，成本较高；检验需要的时间较长；检验人员需要具备专业的理论知识和熟练的操作技术。理化检验法主要分为物理检验法和化学检验法等。

### 1. 物理检验法

物理检验法是指利用各种物理仪器、机械设备对货品质量进行检验的方法。根据测试检验的内容不同，物理检验法可分为以下几种：

（1）一般物理检验法。

它是利用各种量具、量仪、天平、秤或专业仪器来测定货品的长度、宽度、细度、厚度、体积、面积、质量、密度、容量、粒度、表面光洁度等的检验方法。

（2）力学检验法。

它是利用各种力学仪器测定货品力学（机械）性能的检验方法。这些性能包括抗拉强度、抗压强度、抗剪切或弯曲强度、抗疲劳强度、抗冲击强度、耐磨强度、硬度、弹（塑）性等。

（3）热学检验法。

它是利用热学仪器测定货品热学特性的方法。货品的热学特性包括熔点、沸点、凝固点、耐热性、耐寒性等。

（4）光学检验法。

它是利用光学仪器（光学显微镜、X射线机、折光仪、旋光仪等）来检验货品的光学特性的方法。如用光学显微镜观察货品的细微结构，从而鉴定货品的种类和使用性能；用折光仪测定液体的折光率，从而鉴定货品有无掺假和变质；用旋光仪测定货品的旋光性，从而鉴定货品的纯度。

（5）电学检验法。

它是利用电学仪器来测定货品的电学特性（电流、电压、电阻、电导率、介电常数等）的方法。如通过电阻、电容的测定来间接测定货品的其他质量特性，如吸湿性、材质的不匀率等。电学检验法是家用电器类货品安全性能检验的重要手段。

### 2. 化学检验法

化学检验法是指用各种化学试剂和化学仪器对货品的化学成分及其含量进行测定，从而判定货品品质是否合格的方法。根据操作方法的不同，化学检验法可分为以下几种。

（1）化学分析法。

化学分析法是指根据已知的、能定量完成的化学反应进行分析的方法。化学分析法的特点是设备简单、准确度高，它包括重量分析、容量分析和气体分析等方法。

（2）仪器分析法。

仪器分析法是指采用光学、电学等较为复杂的仪器，通过测量货品的光学性质、电化学性质等而求出待测成分含量的化学检验法。仪器分析法适用于微量成分含量的分析，它包括光学分析法和电学分析法。

## （三）生物学检验法

生物学检验法是指通过仪器、试剂和动物来测定食品类、动植物及其制品、医药类和日用工业品类等性能的检验方法，包括微生物学检验法和生理学检验法。

### 1. 微生物学检验法

微生物学检验法是指利用显微镜观察法、培养法、分离法和形态观察法等，对货品中存在的微生物的种类和数量进行检验，并判定其是否超过允许限度的检验方法。需要进行微生物检验的货品有食品及其包装物、化妆品、卫生用品等。

### 2. 生理学检验法

生理学检验法是指以特定的动物或人群为受试对象，检验食品的可消化率、发热量、维生素和矿物质对机体的作用，以及食品和其他货品中某些成分的毒性等。生理学检验法一般采用活体动物进行试验。

## 课后习题

[单选题]

1. 适用于食品、药品、化妆品、洗涤用品、香料等货品的检验方法是（　　）。

　　A. 视觉检验　　　B. 听觉检验　　　C. 嗅觉检验　　　D. 触觉检验

2. 通过仪器、试剂和动物来测定食品、药品和一些日用工业品以及包装对危害人体健康安全等性能的检验是（　　）检验法。

　　A. 感官　　　　　B. 理化　　　　　C. 生物学　　　　D. 微生物学

3. 货品的（　　）检验是货品检验的中心内容。

　　A. 重量　　　　　B. 数量　　　　　C. 质量　　　　　D. 含量

4. 化学检验是利用（　　）及一定的测试方法，对货品的化学成分及其含量进行测定，从而判定货品品质是否合格的方法。

　　A. 定性分析　　　　B. 化学试剂　　　　C. 物理仪器　　　　D. 定量分析

5.（　　）是以公正、权威非当事人的身份，根据有关法律法规、合同或标准所进行的货品检验活动。

　　A. 免于检验　　　　B. 抽样检验　　　　C. 验收检验　　　　D. 公正检验

[多选题]

6. 货品检验的内容包括（　　）。

　　A. 品质检验　　　　　　　　　　　　　B. 数量和重量检验

　　C. 包装检验　　　　　　　　　　　　　D. 安全、卫生检验

[判断题]

7. 第二方检验、买方检验是指验收检验。（　　）

8. 公正检验、法定检验是指第三方检验。（　　）

[简答题]

9. 感官检验的基本方式有哪些？

10. 货品检验的内容是什么？

# 任务四　货品养护知识

## 任务描述

某学校超市的仓库中现有苹果、牛奶、果汁、梨、饼干五种食品，请选择一种作为研究对象，借助网络、书籍收集这种食品的保鲜方法，所需要的材料和具体的操作流程，为其进行养护。

## 任务实施

步骤一：方法收集。

参照相关知识，进行小组讨论和材料收集，填写表1-4-1。

表1-4-1 养护方法

| 序号 | 名称 | 养护方法 | 所用材料 | 操作步骤 |
|---|---|---|---|---|
| 1 | | | | |
| 2 | | | | |
| 3 | | | | |
| 4 | | | | |
| 5 | | | | |

注：可根据内容自行加行。

步骤二：填写养护记录表。

小组根据选择的养护方法，对货品进行养护，并记录在表1-4-2中。

表1-4-2 货品养护记录

| 序号 | 品名 | 养护方法 | 1周状态 | 2周状态 | …… | 原因分析 |
|---|---|---|---|---|---|---|
| 1 | | | | | | |
| 2 | | | | | | |
| 3 | | | | | | |
| 4 | | | | | | |
| 5 | | | | | | |

注：可根据内容自行加行。

## 知识链接

### 一、货品养护的概述

货品养护是指货品在储存过程中所进行的保养和维护。从广义上说，从离开生产领域进入流通领域而未进入消费领域之前这段时间，在不同储存条件下对不同性质的货品采用不同技术措施，以防止其发生质量变化的手段，都称为货品养护。

## 二、货品养护的目的和任务

货品养护的目的是通过科学方法研究货品在储存过程中受内外因素的影响而导致质量发生变化的规律；研究安全储存的科学养护方法，以维护货品价值不变，避免或减少损失。

货品养护的基本方针是"以防为主，防治结合"。它的基本任务就是面向库存货品，根据库存数量多少、发生质量变化速度、危害程度、季节变化，按货品的保质期分别制定相应的技术措施，使货品质量不变，以求最大限度地避免和减少货品损失，降低保管损耗。

## 三、货品养护的基本措施

### （一）适当安排储存场所

储存场所安排适当，能为货品安全储存打下良好基础。由于货品的性能不同，对保管条件的要求也不同，因此，要注意避免与同库储存的货品在性质上有相互抵触性，避免串味、沾染及其他影响。如易潮、易霉、易挥发、易变质或易发生燃烧、爆炸的货品应放在温度较低的阴凉场所；既怕热又怕冻，又需要较大湿度保存的货品则应存放在冬暖夏凉的楼下库房或地室里；对于化学危险物品，更要严格按照国家有关法律法规，分级分类安排储存地点，以避免它们之间互相影响，发生事故。

### （二）严格验收入库货品

在货品入库时要严格把好验收关，货品在入库前通过运输、搬运、装卸等作业，可能受到水湿、沾污、撞击等，致使货品或包装受到损坏，因此，除了对入库货物核对数量、规格外，还应弄清货品及其包装的质量情况，做到心中有数，以便妥善进行养护或及时采取措施处理。

### （三）进行合理的堆码、苫垫

货品堆码是根据货物的特性、形状、规格、重量及包装质量等，同时结合地面的负荷、储存的要求，将货品按一定规律堆放的形式和方法，也称为堆垛、码垛。合理的堆码，对提高入库货品的储存保管质量、提高仓容利用率以及提高收发作业及养护工作的效率都有不可低估的重要作用。

"苫"是指在货品的堆垛上加上遮盖物，"垫"是指在货品的底部加上衬垫物。为了防止货品受潮和满足防汛需要，货垛垛底应适当垫高，怕潮货品垛底还需要加垫隔潮层。露天货垛必须苫盖严密，达到风吹不开、雨淋不湿的要求。垛底地面应稍高，货垛四周应无杂草，并有排水沟以防积水。苫盖、垫底都要根据货品的性能、堆放场所、保管期限以及季节、温湿度、光照日晒、风吹雨淋等情况进行合理的选择。

## （四）加强仓库温湿度管理

各类货品在储存过程中发生的质量变化，多数是由于受到空气温度和湿度的影响。因此，不同货品在储存过程中都要求有一个适宜的温湿度范围，可以采用密封、通风以及其他控制与调节空气温度、湿度的办法，使库房内的温度和湿度得到控制与调节，创造适宜货品储存的温湿度条件以保护商品的质量不变。

## （五）做好清洁卫生和虫害的防治工作

储存环境清洁是保证货品免于变质、腐败的重要条件之一。卫生条件不佳，不仅使灰尘、油垢、垃圾、腥臭气味等污染货品，造成某些外观疵点和异味感染，还为微生物、仓库害虫等创造了活动场所。因此货品在储存过程中，一定要搞好储存环境的卫生工作，保持货品本身的卫生，防止货品之间的感染。特别是在潮热季节，会给微生物和仓库害虫的生长繁殖创造有利条件，加速货品腐败变质和虫蛀，应使用药剂杀灭微生物和害虫来保护货品。

## （六）坚持在库货品检查

坚持在库货品检查，对维护货品及安全储存具有重要作用。货品在储存期间受到各种因素的影响，在质量上可能发生变化，如未能及时发现，就可能造成损失。所以，对库存货品应根据其性质、储存条件、储存时间以及季节气候变化分别确定检查周期、检查比例、检查内容，分别按期进行检查或进行巡回检查。如怕热的货品在夏季应加强检查，怕冻的货品在冬季应加强检查。对易腐的货品，不仅要观察其是否已有霉腐现象，而且要细微地鉴别货品的色味、触感及库内温湿度变化情况，判断是否已有霉腐的先期迹象。一旦发现异状，要扩大检查比例，并根据问题情况，及时采取适当的技术措施，及时处理、消除隐患。

## 课后习题

[选择题]

1. 货品养护的工作方针是（　　　）。
   A. 以防为主、防治结合　　　　　　　　B. 维护货品的质量
   C. 保护货品的使用价值　　　　　　　　D. 维护货品的质量，保护货品的使用价值

2. 货品养护的目的在于（　　　）。
   A. 以防为主、防治结合　　　　　　　　B. 维护货品的质量
   C. 保护货品的使用价值　　　　　　　　D. 维护货品的质量，保护商品的使用价值

3. 容易发生燃烧、爆炸的货品应存放在（　　　）的仓库。
   A. 干燥　　　　　　B. 露天　　　　　　C. 潮湿　　　　　　D. 阴凉

4. （　　）是指在货品的堆垛上加上遮盖物。

A. 堆　　　　　B. 遮　　　　　C. 垫　　　　　D. 苫

[判断题]

5. 在货品保管中，应注意不同货品是否同库存放，以尽量避免货品发生变化。（　　）

6. 化学危险品要严格按照有关部门的规定，分区分类储存。（　　）

[简答题]

7. 什么是货品养护？

8. 货品养护的目的是什么？

9. 货品养护的基本措施有哪些？

# 项目二

# 清洁普通货品

## ∥ 知识目标

- 了解塑料制品的代表品种及制品。
- 了解塑料制品的分类和品种。
- 掌握塑料制品的储存与保管要点。
- 了解玻璃的性质与分类。
- 掌握玻璃制品的养护。
- 了解肥皂、合成洗涤剂、化妆品的性质与分类。
- 掌握化妆品的在库储存要点。
- 了解服装制品的功能及分类。
- 掌握服装制品的包装及验收要点。
- 了解金属材料制品的性能及分类。
- 掌握金属材料制品的包装及养护要点。

## ∥ 技能目标

- 能够根据不同塑料制品的特点进行合理储存。
- 能够熟练地对玻璃制品进行养护。
- 能够根据不同日用化学品的性质进行合理储存。
- 能够熟练地对不同服装制品进行验收。
- 能够根据不同材料金属制品的特点进行合理养护。

# 思维导图

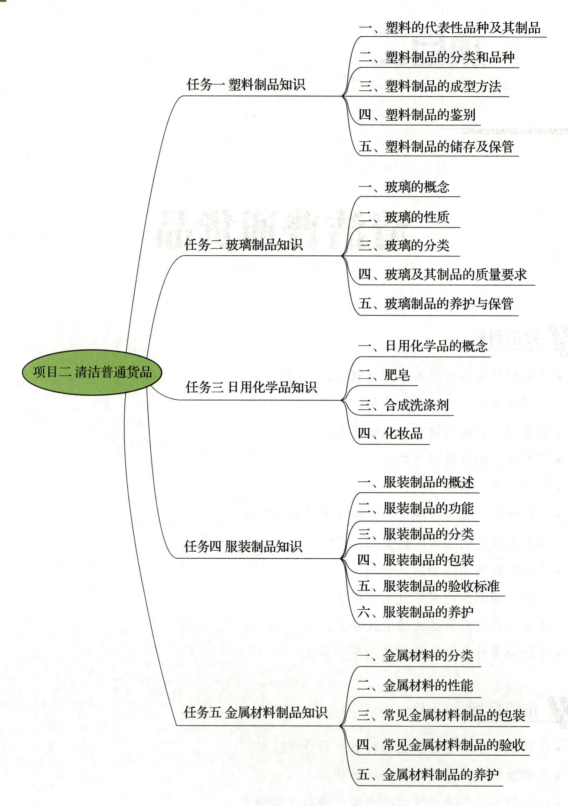

项目二 清洁普通货品

- 任务一 塑料制品知识
  - 一、塑料的代表性品种及其制品
  - 二、塑料制品的分类和品种
  - 三、塑料制品的成型方法
  - 四、塑料制品的鉴别
  - 五、塑料制品的储存及保管

- 任务二 玻璃制品知识
  - 一、玻璃的概念
  - 二、玻璃的性质
  - 三、玻璃的分类
  - 四、玻璃及其制品的质量要求
  - 五、玻璃制品的养护与保管

- 任务三 日用化学品知识
  - 一、日用化学品的概念
  - 二、肥皂
  - 三、合成洗涤剂
  - 四、化妆品

- 任务四 服装制品知识
  - 一、服装制品的概述
  - 二、服装制品的功能
  - 三、服装制品的分类
  - 四、服装制品的包装
  - 五、服装制品的验收标准
  - 六、服装制品的养护

- 任务五 金属材料制品知识
  - 一、金属材料的分类
  - 二、金属材料的性能
  - 三、常见金属材料制品的包装
  - 四、常见金属材料制品的验收
  - 五、金属材料制品的养护

项目二 清洁普通货品

# 任务一 塑料制品知识

## 任务描述

某仓储企业收到入库通知单,其中包括100箱可乐、200箱沐浴露、20捆PVC管、90箱保鲜膜、500个垃圾桶、60箱泡面、40箱圆珠笔等货品,需入库存放。

## 任务实施

步骤一:熟悉塑料的性质。

参照相关知识,进行小组讨论,并填写表2-1-1。

表2-1-1 塑料的性质

| 序号 | 性质分类 | 性质特性 |
| --- | --- | --- |
| 1 | | |
| 2 | | |
| 3 | | |

步骤二:根据塑料性质,选择日常养护工具和材料。

小组讨论,选择适合不同玻璃制品的养护工具及材料,并说出原因。

步骤三:为合格的塑料制定标准。

小组根据不同塑料的性质分类等来制定标准,并填入表2-1-2中。

表2-1-2 合格塑料标准

| 序号 | 要素 | 标准内容 |
| --- | --- | --- |
| 1 | 外观 | |
| 2 | 色泽 | |
| 3 | 光透 | |
| 4 | …… | |
| 5 | …… | |

31

### 知识链接

## 一、塑料的代表性品种及其制品

截至目前，已投入工业生产的塑料有300多种，常应用的有几十个品种，其中产量最大、用途最广的有六大品种：聚乙烯塑料（PE）、聚氯乙烯塑料（PVC）、聚苯乙烯塑料（PS）、聚丙烯塑料（PP）、氨基塑料（AF）和酚醛塑料（PF），它们占塑料总产量的80%以上。此外还有ABS塑料、有机玻璃塑料、纤维素塑料等。

#### 1. 聚乙烯塑料

聚乙烯塑料主要由聚乙烯树脂和少量稳定剂与着色剂组成，是目前用途最广泛、用量最大的塑料。聚乙烯塑料未着色前呈乳白色半透明状，属热塑性塑料。它无毒，耐酸碱，性质柔软而轻（比重为0.92~0.96），放在水中能够浮起，有蜡一样的手感，不怕碰摔和挤压。

聚乙烯树脂由成千上万个乙烯分子聚合而成。聚乙烯大分子链柔顺性好，极易结晶。在常温下聚乙烯由晶区和具有弹性的无定形区交错构成，晶区使其具有一定的硬度和强度，无定形区则使其具有一定的柔韧性和弹性。由于生产工艺不同，聚乙烯分为高密度聚乙烯和低密度聚乙烯两种。

高密度聚乙烯的密度约为0.95 g/cm³，用低压法生产。其性能特点为半透明状，有刚性，具有一定的耐冲击性，可制作型材等较刚硬的制品，绝缘性好。它适用于加工各种瓶和桶等容器、家具、管材、绳索等。

低密度聚乙烯的密度约为0.92 g/cm³，用高压法生产。其性能特点为透明，结晶度低，机械强度小于高密度聚乙烯，化学稳定性好。它适用于制造薄膜制品、管材、中空容器、电线包覆层及一些软性的日用品。

#### 2. 聚氯乙烯塑料

聚氯乙烯塑料于1930年投入工业化生产。由于它具有原料来源广、价格低廉、性能优良和用途广泛等特点，产量曾为世界塑料王国之冠。此后因聚乙烯塑料的快速发展，其产量才跌至第二位。

聚氯乙烯塑料的原料是氯化氢和乙炔，过去大都以电石和食盐为原料制得。自石油化工发展以来，转向利用石油气中的乙烯与氯气反应制得。聚氯乙烯塑料具有很多优良性能，如较好的机械强度、抗化学性、电绝缘性、耐腐蚀性和难燃性。它的不足之处就是热稳定性差（使用温度宜为5~45 ℃），低温下会变硬变脆，受热温度达到140 ℃以上则开始分解出氯化氢气体，且韧性、抗冲击性能不够理想，满足不了某些机械制品的要求。聚氯乙烯塑料中掺入不同量的增塑剂，其制品可以分硬质和软质两类。

硬质聚氯乙烯制品不仅具有较高的机械强度，还具有一般金属所没有的许多特殊优点：不怕酸碱腐蚀，可代替贵重的不锈钢材和其他耐腐蚀材料，用以输送腐蚀性流体；比重小（1.3~1.4），相当于钢的1/5，用这种材料制成的管材比铝管还轻一半，又因为管子内壁光滑，摩擦阻力小，较同样粗的钢管流量多30%；管子表面色泽明亮，可借助着色不同区别管路，安装后不需进行涂油防锈处理。所以，硬质聚氯乙烯塑料广泛用于管材和板材、建筑的结构材料，在化工、石油、纺织、采矿、电气、食品加工、供水排水等工业部门都可使用。

软质聚氯乙烯制品含有30%~50%的增塑剂，质地柔软，具有良好的弹性、透光性、不透水性和耐酸碱性，主要用来制作各类薄膜（农用、包装用和防雨用）、人造革、电线和电缆的绝缘包皮及各种软管和日用塑料品。

### 3. 聚苯乙烯塑料

聚苯乙烯塑料是投入工业化生产较早的热塑性塑料之一。1920年德国人发现了大规模生产聚苯乙烯的方法，并开始聚苯乙烯的生产。目前聚苯乙烯塑料的产量居塑料制品第三位。

聚苯乙烯塑料由乙烯与苯肼聚合而制得。其特点有：透明且有光泽，透光率仅次于有机玻璃，容易着色；耐酸碱性好，但不耐日光，耐油性差；几乎不吸水，且形状和尺寸在水中也不发生变化；刚性好，表面硬度大，但脆性大，怕碰又怕摔；电气性能好；软化点低，耐受温度最高不能超过80 ℃，否则会变形，达到180 ℃会成为黏稠液体。

聚苯乙烯无毒、无味，制成的杯子、盘子光洁漂亮，还可制造收音机外壳、台灯、纽扣、梳子等日用品；加入发泡剂可制成轻质的泡沫塑料，用作建筑工业的隔声、隔热、防震、防湿材料；通过共聚改性，可制造安全帽、电话和家具等。

### 4. 聚丙烯塑料

聚丙烯塑料的工业化生产始于1957年，但其发展得十分迅速。由于它的原料——丙烯来源于石油废气，数量多、价格便宜，加上它性能优异，目前在全世界的产量位于第四位。聚丙烯塑料的性能取决于其主要成分聚丙烯树脂。聚丙烯大分子由丙烯以不同的立体构型聚合在一起，根据聚丙烯侧链甲基的空间排列，分为无规立构、间规立构和等规立构三种形式。目前生产的聚丙烯95%都是等规立构，其聚丙烯主链上的甲基都朝着一个方向伸展。聚丙烯树脂的分子结构决定了聚丙烯塑料具有如下的性能特点：无色、无味、无毒；透明、结晶度高；比重小（仅为0.90~0.91），是目前最轻的塑料，能漂浮在水中；耐热性能高，在沸水中不软化、不变形，可耐120 ℃的高温，在80 ℃下寿命可达40年；耐化学腐蚀（耐酸碱性）和耐油性能良好；机械强度（硬度、强度和抗冲击强度）比聚乙烯塑料高。不足之处是不耐低温，在低温下弹性逐渐消失，抗冲击强度较差，长期光照易老化，染色性差。

聚丙烯塑料应用广泛，由于耐高温，可蒸煮，适合制作医疗器械和餐具；由于具有良好的化学性能及抗弯曲性，可制作防腐管道、化工容器、电缆、接头、汽车和自行车的零部件，还可制作电视机、半导体、电风扇的部件；往聚丙烯塑料中加入发泡剂，可制作低发泡板材，代替木材制作家具。另外，聚丙烯塑料还特别适合制作包扎绳索、装重物的编织袋、渔网等；聚丙烯纤维可制作工作服。

### 5. 密胺塑料

密胺塑料（MF）是三聚氰胺甲醛塑料的俗称，是氨基塑料的一种。它是以三聚氰胺甲醛树脂为主要成分，再加上一定量的填料、助剂制成模塑粉，然后在一定的压力和温度下模压制得的塑料制品。

密胺塑料无毒、无味，易于清除污渍，外观和手感极似瓷器，纯三聚氰胺甲醛树脂可制成似玻璃的全透明塑料，具有较高的强度、表面硬度和抗冲击强度，耐磨性也较强，耐热性和耐水性均好，可在沸水中消毒，烟头的余火也不会将其烫焦，并可任意着色，透光性强，光泽好，加工性能好，还耐酸碱，不易燃烧。

密胺塑料常用来制造各种餐具，如杯、盘、碗、筷，还可制成似玻璃的装饰贴面板、灯罩等。

### 6. 脲醛塑料

脲醛塑料（UF）是由脲醛树脂与填料（纤维素木浆）制成的，是氨基塑料的一种。脲醛树脂多呈白色，若制品中树脂含量高则透明度高，一般为半透明状，其外观似玉，故又名电玉。脲醛树脂由尿素和甲醛缩聚而成，其比重比一般树脂大，具有优良的耐压和曲折强度，表面极硬；着色范围广，耐光、耐油、耐弱碱和有机溶剂，不易燃烧，化学稳定性比酚醛塑料差；但较易吸水，不耐酸和热，在水中煮时会析出甲醛。

脲醛塑料可制作发卡、盒子、琴键，也可制作地板、电源开关和插头等。

### 7. 酚醛塑料

酚醛塑料俗名电木，产生于20世纪初，以经化学合成的第一种树脂为基础材料，在热固性塑料中历史最悠久。其产量在世界塑料大家族中居第六位。

酚醛塑料是用苯酚和甲醛制成的。苯酚又名石炭酸，有特殊气味，而且有毒，腐蚀性也强。甲醛在常温下是气体，其水溶液称为福尔马林，是一种消毒剂。甲醛一般由甲醇（木精）为原料制成。

酚醛树脂大分子呈线性结构，在成型过程中加入10%的六次甲基四胺的固化剂并加热至160 ℃时，便固化成为网状结构的不溶不熔树脂。该树脂脆性大，因此往往加入特制的细木粉作为增强材料，还要配以适量的润滑剂制成模塑粉，再加热加压才可制得酚醛塑料。

酚醛塑料一般色泽较深，耐热也耐寒，不易变形，表面硬度大而光滑，但脆性大；机械性能好，化学稳定性好，对各种溶剂和油类具有较强的抵抗力，电绝缘性能优异，尺寸稳定，价格低廉，适用于制成电器插座、开关、仪表外壳、汽车刹车板、箱体配件和各种日用商品的手柄等。其不足之处是韧性小，填充木粉的制品有吸水性，有一定毒性，不宜存放食品。

### 8. ABS 塑料

ABS 塑料是由丙烯腈、丁二烯和苯乙烯联结共聚而形成的热塑性塑料。其大量生产始于 20 世纪 50 年代，是受欢迎而且发展迅速的一种有代表性的耐冲击塑料。由于其三种构成成分各有所长，保证了 ABS 塑料具有良好的性能：丙烯腈使 ABS 塑料具有良好的化学稳定性和高硬度，丁二烯使 ABS 塑料具有一定的韧性，苯乙烯使 ABS 塑料具有良好的加工性和染色性。ABS 塑料无毒，不透明，具有一定光泽；有一定刚性，且机械性能均衡，抗冲击能力即使在低温下也不会降低；加工性好，但在紫外线作用下易发生老化，不宜在露天环境下长期使用；有良好的电气性能；耐酸碱，但可溶于酮或烃类。

ABS 塑料是重要的塑料之一，已在机械、电气、纺织、化学、汽车、飞机、船舶等制造工业以及儿童玩具制造方面得到广泛应用，尤其是 ABS 塑料的电镀制品貌似金属，表面硬度进一步提高，不易老化，可制作家具以及各种家用电器的外壳。

### 9. 有机玻璃塑料

一提起玻璃，人们自然想到它又硬又脆，但有一种碰而不碎、比普通玻璃还要透明的玻璃，就是有机玻璃（PMMA），它是一种用塑料做的玻璃。有机玻璃是甲基丙烯酸甲酯的聚合物，是用丙酮、甲醇、氰化钠、硫酸等经化学反应生成甲基丙烯酸甲酯单体，再经过加工聚合制得的。

有机玻璃具有以下性能特点：透明度高，能透过 93% 的普通光线和 76% 的紫外线，比无机玻璃优越；表面光泽好；无毒，质轻，脆性小，耐冲击；耐酸碱和油脂，耐 -60~-50 ℃ 的低温；易加工成型，可制造形状复杂的制品。有机玻璃的不足之处是耐热性差，超过 100 ℃ 即软化变形、损坏，宜在 80 ℃ 以下使用；受潮后透明度降低，遇火可以燃烧。同时，其表面硬度不理想，耐磨性差，容易擦伤产生划痕，因此在使用中要防止与坚硬物件接触。

有机玻璃是高级装潢材料，可用于制作车船、飞机的舷窗或挡风玻璃，也可用于制作仪表外壳、光学仪器、假眼球和假肢。另外，日用工业品中的纽扣、发卡、伞柄、眼镜架、文具、标本等也可使用有机玻璃制作。

### 10. 纤维素塑料

纤维素塑料（CE）包括硝酸纤维素塑料和醋酸纤维素塑料等品种，其主要原料为棉花、木材等天然纤维素，受原料的限制，这类塑料发展的速度并不快。

硝酸纤维素塑料的俗名是"赛璐珞"，是最古老的塑料品种。早在 1868 年，人们就利用天然纤维素与樟脑制成了它。赛璐珞的主要成分是硝酸纤维素（70%~90%）与增塑剂樟脑（20%~30%）及其他助剂。它具有质轻、弹性好、强度较高、韧性好等特点，而且表面平滑，富有光泽，是制造日用工业品、文教用品、儿童玩具等产品的材料，还可制成各色透明或不透明、夹色或珍珠花纹状的制品。它的缺点是化学稳定性差，易燃烧和老化，必须避免直接受热和日晒。

醋酸纤维素塑料是在硫酸等脱水剂存在的条件下，与酸酐反应制成三醋酸纤维素，再进一步酯化形成的。它的特点是透明、易着色、耐冲击，具有一定的阻燃性，而且耐折叠、不易老化、吸水率较大等。醋酸纤维素塑料广泛应用于电器外壳、手柄、汽车方向盘、笔杆等的制造。

## 二、塑料制品的分类和品种

### （一）按塑料制品的原料分类

按所用原料种类的不同，塑料制品可分为聚乙烯塑料制品、聚氯乙烯塑料制品、聚丙烯塑料制品、聚苯乙烯塑料制品、ABS塑料制品、有机玻璃塑料制品、尼龙塑料制品、赛璐珞塑料制品、酚醛塑料制品、密胺塑料制品、脲醛塑料制品等多种。

### （二）按塑料制品的用途分类

按用途的不同，塑料制品可分为塑料材料制品和塑料日用制品两大类。

#### 1. 塑料材料制品

塑料材料制品是主要用来作为某些产品原材料的塑料制品，它按结构、性能的不同，可分为人造革、合成革、塑料薄膜、泡沫塑料、玻璃塑料（玻璃钢）五种。

（1）人造革。人造革是以棉布、针织布、化纤布、无纺布等为基底，以合成树脂为涂层的仿革制品，是塑料和纤维织物的复合材料。人造革的品种主要有聚氯乙烯人造革、聚氨酯人造革。聚氯乙烯人造革具有外观似皮革、质地柔软、耐摩擦、耐酸碱、可洗涤、不透水、不透气、不耐低温、价格便宜等特点。按涂层结构的不同，人造革又可分为普通人造革、地板人造革、发泡（泡沫）人造革三种。普通人造革可制作手提包、箱、沙发套等；地板人造革主要用于室内装潢；发泡人造革可制作帽子、手套、提包、箱子、鞋等。

（2）合成革。合成革是以吸湿性、透气性很好的无纺布为基底，经聚氨酯（合成树脂）与二甲基甲酰胺（易溶于水）的混合物浸涂并水洗后的拟革制品，也称PU革。合成革的耐磨性、强度、弹性、耐油性、透气性、透湿性、耐低温性均优于人造革。合成革的品种有光面合成革、绒面合成革、压花合成革、搓纹合成革、衣用软合成革等。其外观和性能近似皮革，但吸湿性小，可用于制作合成革鞋、服装、皮包、皮夹等。合成革制品有取代人造革制品的趋势。

（3）**塑料薄膜**。塑料薄膜的品种很多，用途很广，如用于制作台布、雨衣、窗帘、提包、包装袋，还用于制作农用地膜等。

（4）**泡沫塑料**。泡沫塑料是合成树脂经过发泡后制成的内部有无数小孔的塑料制品，它具有吸水、保温、隔热、隔声、体轻、弹性好、防震等特点，有硬泡沫塑料和软泡沫塑料两种，常用于制作床垫、坐垫、拖鞋等。

（5）**玻璃塑料（玻璃钢）**。这是由合成树脂和玻璃纤维组成的一种增强塑料，其特点是体量轻、强度高、耐腐蚀，虽比钢轻一半以上，强度却不亚于钢，多用于家具、汽车等的制造。

#### 2. 塑料日用制品

塑料日用制品是日常生活中使用的塑料制品，按用途的不同，可分为塑料容器、塑料餐具、塑料玩具、塑料工艺品、塑料家具、塑料洁具、塑料文化用品7种。

（1）塑料容器类有塑料瓶、塑料盒、塑料盆、塑料桶、塑料缸等品种。

（2）塑料餐具类有塑料碗、塑料盘、塑料匙、塑料筷、塑料水杯等品种。

（3）塑料玩具类有塑料小动物、塑料汽车、塑料飞机、塑料插片、塑料棋等品种。

（4）塑料工艺品类有塑料雕塑、塑料花、仿水晶塑料摆件等品种。

（5）塑料家具类有塑料桌、塑料椅、塑料凳、塑料充气沙发等品种。

（6）塑料洁具类有塑料浴盆、塑料盥洗台、塑料坐便器、塑料簸箕、塑料扫帚等品种。

（7）塑料文化用品类有塑料三角尺、塑料直尺、塑料文具盒、塑料笔筒、塑料活页夹、塑料文件夹等品种。

### 三、塑料制品的成型方法

塑料制品常用的成型方法有注射成型法、挤出成型法、吹塑成型法、压延成型法、模压成型法、层压成型法和低压成型法等。

#### （一）注射成型法

注射成型法是将塑料（粉或颗粒）加入料桶内加热至黏流态后，经柱塞推挤，注入冷的金属模中，冷却后脱模，即得尺寸准确、有一定造型（包括复杂造型）的塑料制品，如塑料水桶、塑料面盆、塑料漏斗、塑料皂盒、塑料烟盒、塑料梳子、塑料鞋底等多种热塑性的塑料制品。它是日用塑料中最常用的成型方法。

#### （二）挤出成型法

挤出成型法是将塑料在料桶内加热到黏流态后，用推杆使其连续从特定形状的模口挤出，成为连续成型的制品，最后冷却定型。其制品形状取决于模口的断面。用这种方法可制得塑料棒、塑料管、塑料片、塑料薄膜、塑料绳、塑料丝等多种塑料制品。

### （三）吹塑成型法

吹塑成型法用于热塑性塑料的薄膜或空心制品的成型。前者是在用压缩空气将挤出的管状胚料横向吹胀的同时纵向牵伸，使管壁膨胀变薄至所需厚度，冷却即得具有一定厚度的塑料薄膜；后者是将挤出的管状胚料置于模具里，并吹入热空气（或将胚料预热，并吹入空气），使塑料膨胀并紧贴模具壁，再冷却、脱模，即得一定形状的空心塑料制品，如塑料提桶、塑料保温瓶外壳、塑料水壶及各种塑料瓶、塑料玩具等。

### （四）压延成型法

压延成型法是将塑料通过加热压辊变软后，再通过若干组相向旋转辊筒的间隙进行压延，达到规定厚度后冷却，即得软质塑料薄膜或硬质塑料板等塑料制品。压延法还是人造革的制造方法，将棉布或帆布、针织布等织物随同塑料通过最后一组辊筒的间隙，塑料膜层就会紧密覆盖在织物上，从而制得人造革。

### （五）模压成型法

模压成型法主要用于热固性塑料制品及层压制品的成型。其具体做法是将塑料（粉、碎屑）放入热模具里，闭模加压，使塑料固化成型，即得热固性塑料制品，如密胺塑料餐具、密胺塑料饮具、酚醛塑料灯头外壳、酚醛塑料墨水瓶盖、脲醛塑料纽扣等。若是将布、纸、玻璃布等材料经合成树脂浸渍后，以相同或不同材料若干层在层压机上进行热压，即得层压制品，如塑料装饰板等。

### （六）层压成型法

层压成型法是使用或不使用胶黏剂，通过加压、加热等方法把相同或不同材料的两层或多层结合成整体的方法，层压成型法采用层压机操作，这种压机的定压板和动压板之间装有多层可浮动热压板。层压成型的增强材料主要有玻璃布、石棉布、纸张，树脂类有环氧、酚醛、不饱和脂肪酸和某些热塑性工程树脂等。

### （七）低压成型法

低压成型法（包括袋压法和喷射法）是成型压力≤1.4 MPa的模压或层压方法。这种方法适用于制造增强塑料制品，如纺织物、石棉、玻璃纤维、碳纤维、纸等。

## 四、塑料制品的鉴别

塑料制品的鉴别方法很多，可分为感官鉴别法和理化鉴别法两大类。最常见和简单易行的鉴别法有外观鉴别法、燃烧鉴别法和密度鉴别法。

## （一）外观鉴别法

外观鉴别法是通过各种塑料的外观特征，如光泽、透明度、色调、光滑性、手感、表面硬度、敲击声等来初步鉴别出塑料制品所属的大类，如热固性塑料、热塑性弹性体等。这种方法不仅简便迅速，还可保持制品的完整性，是常用的方法之一。各类塑料的外观特征是外观鉴别法的重要依据。对各类塑料的外观特征介绍如下：

### 1. 聚乙烯塑料

聚乙烯塑料的本色为乳白色半透明体，手摸有石蜡的滑腻感，质地柔软能弯曲，放在水中能浮于水面，在沸水中显著软化。

### 2. 聚丙烯塑料

聚丙烯塑料的本色为乳白色半透明体，手摸润滑但无滑腻感，质地硬挺有韧性，放在水中能浮于水面，在沸水中软化得不显著。

### 3. 聚氯乙烯塑料

聚氯乙烯塑料的硬制品坚硬平滑，敲击时声音发闷，色泽较鲜艳；软制品柔软且富有弹性，薄膜透明度较高，放在水中下沉，遇冷变硬，有特殊气味。

### 4. 聚苯乙烯塑料

聚苯乙烯塑料的表面较硬且有光泽，透明度较高，敲击时声音清脆如金属声，色彩鲜艳，拗折时容易碎裂。

### 5. 有机玻璃

有机玻璃的外观似水晶，透明度好，色泽鲜艳，拗折时有韧性，敲击时声音发闷。

### 6. 赛璐珞

赛璐珞拗折时韧性好，用柔软物摩擦表面能产生樟脑味。

### 7. 酚醛塑料

酚醛塑料的表面坚硬，质脆易碎，断面结构松散，均为黑色或棕色不透明体，敲击时有木板声。

### 8. 脲醛塑料

脲醛塑料的表面坚硬，质脆易碎，断面结构较紧密，大多为浅色半透明体。

### 9. 密胺塑料

密胺塑料表面坚韧结实，外观似瓷器。

## （二）燃烧鉴别法

燃烧鉴别法是利用小块塑料燃烧时性状的变化，如燃烧难易程度、自燃性的有无（离开火焰是否燃烧）、气味、火焰及烟的颜色、燃烧后的残渣的颜色和性状等来区分和判断塑料种类的方法。另外，此法也具有简单迅速的特点，但需要选取小块试样，破坏了制品的完整性。因此，为了提高其准确性，常采用与已知试样进行对比试验的方法来鉴别。各种重要塑料的燃烧特征见表2-1-3。

表2-1-3　各种重要塑料的燃烧特征

| 种类 | 燃烧难易程度 | 离火后情况 | 气味 | 火焰及烟的颜色 | 燃烧中性状 |
|---|---|---|---|---|---|
| 聚乙烯 | 易燃 | 继续燃烧 | 与石蜡燃烧气味相同 | 火焰尖部呈黄色，底部呈蓝色；烟少 | 边熔边燃边滴落 |
| 聚丙烯 | 易燃 | 继续燃烧 | 特殊气味 | 火焰尖部呈黄色，底部呈蓝色，烟少 | 边熔边燃边滴落 |
| 聚氯乙烯 | 不易燃 | 离火即灭 | 特有的刺激性臭味 | 火焰尖部呈黄色，底部呈绿色，黑烟 | 软化 |
| 聚苯乙烯 | 易燃 | 继续燃烧 | 特有的苯乙烯臭味 | 橙黄色火焰，无烟 | 软化，起泡 |
| 有机玻璃 | 易燃 | 继续燃烧 | 有水果味 | 蓝白色火焰，无烟 | 有响声，无胶质滴落 |
| 赛璐珞 | 易燃 | 继续燃烧 | 有樟脑味 | 黄色火焰 | 很快燃烧，残灰极少 |
| 酚醛塑料 | 难燃 | 熄灭 | 有苯酚味 | 黄色火焰，烟少 | 与火焰接触部分碳化开裂 |
| 脲醛塑料 | 难燃 | 熄灭 | 有尿味 | 火焰尖部浅绿色，烟少 | 与火焰接触部分发白开裂 |

## （三）密度鉴别法

不同品种的塑料有不同的相对密度，因而可以利用测定密度的方法来鉴别塑料的品种。但在此之前应先将发泡制品、无机矿物填充制品和玻璃纤维增强制品区分出来，因为这类塑料的密度不是树脂的真正密度。此外，在实际应用中也有许多利用塑料的密度不同来分选塑料的。

除以上三类鉴别法外，塑料也可用多种理化鉴别法来进行鉴别，常见的有显色反应试验鉴别法、溶解性试验鉴别法、熔点等物理常数试验鉴别法、红外线吸收光谱试验法、紫外吸收光谱试验鉴定法等。此类鉴别法都需要用一定的仪器设备，操作复杂，结果较为精确。

## 五、塑料制品的储存及保管

### 1. 防老化

塑料制品在储存和使用过程中，若受到阳光、温度、空气的综合影响，会出现物理、化学和机械性能下降的现象（这种现象被称为老化），具体表现为表面发黏、变软、变硬、变脆、龟裂、变形、出斑点、光泽颜色改变、透明度下降、各种机械强度降低、绝缘电阻和介电常数发生变化等。因此，在使用、储存塑料制品的过程中，应尽量避免阳光直射、高温和潮湿。

### 2. 注意防火和自燃

塑料的主要成分是有机高分子，都是易燃物，特别是赛璐珞制品属于硝酸纤维素塑料，稳定性较差，在常温下若保管不当（如震动）易自燃。

### 3. 防止变形

塑料在外力的作用下会产生各种变形。

### 4. 防止冷冻

聚氯乙烯和聚丙烯制品低温时会因发硬变脆而容易损坏，故储存和使用温度不宜低于0 ℃。

### 5. 防止日晒和雨淋

塑料制品不宜露天储存，日晒会加速塑料的老化，日晒和雨淋可加速吸湿性较强的酚醛塑料、脲醛塑料、纤维素塑料的开裂和翘曲。

### 6. 防霉

塑料中的一些助剂（如软聚乙烯塑料中的酯类增塑剂以及脲醛塑料、酚醛塑料中的纤维素填料等）都是微生物的营养物质，所以在适当的温度下可能发霉。

### 7. 防止污染

塑料容易摩擦带电，故吸尘性较强，储存和使用时必须保持清洁。

## 8. 防止溶剂和化学药品侵蚀

虽然许多塑料有较强的化学稳定性，但有些塑料能溶于某些溶剂或与强氧化剂发生化学反应。

## 9. 防止剧烈震动与碰撞

酚醛、脲醛塑料等热固性塑料和聚苯乙烯等热塑性塑料是硬脆性材料，尤其是温度较低时脆性更大，在搬运、使用时易碎裂。

## 10. 防止划伤

很多塑料制品易被划伤，使用时需注意防范。

### 课后习题

[名词解释]

1. 挤出成型法。

[简答题]

2. 塑料按原料不同分为哪几类？

# 任务二　玻璃制品知识

### 任务描述

王小图是2021年刚毕业的物流专业学生，来到兰迪玻璃厂仓库实习。今天王小图需要对在库的玻璃进行检查与养护，由于他操作不当导致其中一部分玻璃表面出现划痕，并划伤了自己，最终导致这批玻璃不能按时出库。

**思考：** 玻璃有哪些性质？应该如何正确养护？什么样的玻璃符合出库标准？

### 任务实施

步骤一：熟悉玻璃的性质。

参照相关知识，进行小组讨论，并填写表2-2-1。

表 2-2-1 玻璃的性质

| 序号 | 性质分类 | 性质特性 |
|---|---|---|
| 1 | | |
| 2 | | |
| 3 | | |

步骤二：根据玻璃性质，选择日常养护工具和材料。

小组讨论，选择适合不同玻璃制品的养护工具及材料，并说出原因。

步骤三：为合格的玻璃制定标准。

小组根据不同玻璃的性质分类等，制定表 2-2-2 中的合格玻璃标准。

表 2-2-2 合格玻璃标准

| 序号 | 要素 | 标准内容 |
|---|---|---|
| 1 | 外观 | |
| 2 | 色泽 | |
| 3 | 光透 | |
| 4 | …… | |
| 5 | …… | |

## 知识链接

### 一、玻璃的概念

玻璃是指由含有二氧化硅和各种金属氧化物的原料按一定比例混合，经过高温熔融、冷却、固化而形成的非晶态无机物，是硅酸盐材料的一种。玻璃具有透明、坚硬、耐磨、耐蚀、耐热等性能，优良的光学和电学性能，以及良好的加工性能。其制品品种繁多，精致美观，经久耐用而且价格低廉，被广泛应用于建筑、日用、艺术、医疗、化学、电子、仪表等领域。

### 二、玻璃的性质

由于玻璃被广泛应用于各种领域，因此根据不同领域的需要，玻璃中的成分比例不同，这也是评定玻璃制品质量的重要因素。

## （一）机械性质

### 1. 强度

强度分为抗张强度和抗压强度。普通玻璃的抗张强度（抗拉强度）仅为 4~12 kg/mm$^3$，增加玻璃中硅、钡、铅、钙、硼等氧化物的含量，可提高其抗张强度，增加钠、钾氧化物的含量则效果相反。普通玻璃的抗压强度为 60~160 kg/mm$^3$，最高可达 200 kg/mm$^3$。同等厚度的钢化玻璃抗冲击强度是普通玻璃的 3~5 倍，抗弯强度是普通玻璃的 3~5 倍。玻璃中二氧化硅含量高则抗压强度亦高。玻璃的抗压强度比抗张强度大了约 15 倍。

### 2. 硬度

硬度指抵抗硬物体刻划的能力，玻璃的摩氏硬度为 4~8 级，其中普通玻璃为 5 级；铅玻璃最软，为 4 级；含铅量约 24% 的铅玻璃常被用来雕刻和研磨成工艺美术玻璃制品；含氧化硼 15% 的硼硅玻璃硬度很高。

### 3. 脆性

玻璃的脆性是指当负荷超过玻璃的极限强度时，不产生明显的塑性形变而立即破裂的性质。玻璃的抗冲击强度较小、脆性较大，这也是玻璃在运输、保管、使用中容易破损的主要原因。

## （二）热学性质

玻璃的热学性质关系着其制品在使用中经受冷热变化的能力，主要指导热性、热膨胀性、热稳定性。

### 1. 导热性

玻璃是热的不良导体，没有金属导热快，其热传导能力仅为钢的 1/400。二氧化硅含量高的玻璃，导热性较大。

### 2. 热膨胀性

热膨胀性用热膨胀系数表示。不同的玻璃材料热膨胀系数不同，热膨胀系数越大，热学性质越差。石英玻璃的热膨胀系数最小。

### 3. 热稳定性

热稳定性是指物体在温度的影响下的形变能力，形变越小，稳定性越高。玻璃经受急热的能力比经受急冷的能力强得多。这是因为玻璃受急热时，它的表面产生压应力；受急冷时，它的表面产生张应力，而玻璃的抗压强度比抗张强度大 10 余倍，所以玻璃的耐急热能力比耐急冷能力强得多。

## （三）其他化学性质

玻璃的化学性质比较稳定，主要成分是二氧化硅，同时也存在氧化钠和氧化钙等，这些元素形成的化合物价态都处于饱和，与大多数化合物不发生反应，玻璃的化学性质比较稳定。

强碱对玻璃有一定影响，但在常温下作用很慢。

此外，常温下的玻璃是电的不良导体，玻璃中二氧化硅含量越高，其电绝缘性越好。

> **想一想**
> 你还知道玻璃的哪些性质呢？

## 三、玻璃的分类

### （一）按玻璃的化学成分分类

按玻璃的化学成分分类，可分为非氧化物玻璃和氧化物玻璃。非氧化物玻璃品种和数量很少，主要有硫系玻璃和卤化物玻璃。硫系玻璃的阴离子多为硫、硒、碲等，可阻断短波长光线而使黄、红光以及近、远红外光通过，其电阻值低，有开关与记忆特性。氧化物玻璃的折射率低，色散低，多用作光学玻璃，可分为硅酸盐玻璃、硼酸盐玻璃、磷酸盐玻璃等。

### （二）按玻璃的生产分类

按玻璃的生产分类，主要分为平板玻璃和深加工玻璃。平板玻璃主要分为三种，即引上法平板玻璃（分有槽/无槽两种）、平拉法平板玻璃和浮法玻璃。由于浮法玻璃具有厚度均匀、上下表面平整平行，再加上劳动生产率高及利于管理等因素的影响，浮法玻璃正成为玻璃制造方式的主流。

### （三）按玻璃的制作工艺分类

按玻璃的制作工艺分类，可将其分为热熔玻璃、浮雕玻璃、锻打玻璃、晶彩玻璃、琉璃玻璃、夹丝玻璃、聚晶玻璃、玻璃马赛克、钢化玻璃、夹层玻璃、中空玻璃、调光玻璃、发光玻璃。

## 四、玻璃及其制品的质量要求

对玻璃制品的质量考察通常从规格、结构、色泽、耐温急变性、化学稳定性、透光性及外观缺陷等方面进行。

1. 规格

规格是指对玻璃制品的尺寸、重量、容量的要求。由于各式各样的种类太多,故没有统一的国家标准。

2. 结构

结构是指玻璃制品的外观形状。

3. 色泽

无色玻璃制品应透明、洁净、亮度好且富有光泽;有色玻璃制品应色泽鲜艳、悦目、深浅一致。

4. 耐温急变性

耐温急变性可根据国家标准《玻璃杯检测方法》(GB/T 3561—1999)测定。将试样在2 ℃左右的水中放置5 min,取出后立即用沸水冲,不炸裂者为合格品。

5. 化学稳定性

长期与水或水蒸气接触的玻璃制品应有很好的化学稳定性。在常温下,玻璃对绝大多数化学品都有一定的抵抗能力,但长期受大气和雨水的侵蚀时,表面也会失去光泽,出现油状薄膜、斑点,使透明性降低。

6. 透光性

透光性可通过测定透光率来判断。玻璃的透光性越高,质量就越好。

7. 外观缺陷

如出现砂粒、斑痕、气泡、口不圆、装饰不良等,既不美观,又可能会影响玻璃制品性能。

## 五、玻璃制品的养护与保管

虽然玻璃化学稳定性较好,但时间久了也会沾染上灰尘、油渍等,这个时候就需要对玻璃及其制品进行良好的养护。

(1)日常清洁时,用湿毛巾或报纸擦拭即可,如遇污迹可用毛巾蘸啤酒或温热的食醋擦除。另外,也可以使用目前市场上出售的玻璃清洗剂擦拭,忌用酸碱性较强的溶液清洁。冬天,玻璃表面易结霜,可用布蘸浓盐水或白酒擦拭,效果很好。

(2)有花纹的毛玻璃一旦脏了,可用蘸有清洁剂的牙刷,顺着图样打圈擦拭即可去除。此外,也可以在玻璃上滴点煤油或用粉笔灰和石膏粉蘸水涂在玻璃上晾干,再用干净布或棉花擦,这样擦完的玻璃既干净又明亮。

(3)玻璃上有油渍,可以先将玻璃喷上清洁剂,再贴上保鲜膜,然后使凝固的油渍软化，过十分钟后，撕去保鲜膜，再以湿布擦拭即可。

（4）要想保持玻璃光洁明亮，必须经常动手清洁，玻璃上若有笔迹，可用橡皮浸水摩擦，然后再用湿布擦拭。玻璃上若有油漆，可用棉花蘸热醋擦洗，用清洁干布蘸酒精擦拭玻璃，可使其亮如水晶。

（5）平时不要用力碰撞玻璃面，为防玻璃面刮花，最好铺上台布。在玻璃家具上搁放东西时，要轻拿轻放，不可碰撞。

（6）玻璃家具最好安放在一个较固定的地方，不要随意地来回移动；要平稳放置物件，沉重物件应放置玻璃家具底部，防止家具重心不稳造成翻倒。另外，要避免潮湿，远离炉灶，要与酸、碱等化工试剂隔绝，防止腐蚀变质。

## 课后习题

[单选题]

1. 一般情况下，玻璃组成成分最多的是（　　　）。
A. 氧化钙　　　　B. 氢氧化钠　　　　C. 二氧化硅　　　　D. 氯化钠

[多选题]

2. 对玻璃制品的质量考察通常从（　　　）方面考察。
A. 规格　　　　B. 结构　　　　C. 化学稳定性　　　　D. 色泽

3. 按照玻璃制作工艺分类可以分为（　　　）。
A. 钢化玻璃　　　　B. 夹层玻璃　　　　C. 浮雕玻璃　　　　D. 氧化物玻璃

[调研题]

4. 自行收集常见的玻璃制品并为它们分类。

# 任务三　日用化学品知识

## 任务描述

小王在力奇日化有限公司仓库实习，接到任务，对刚到的一批日用化学品进行入库分类作业。由于小王刚入职不久，对货品不熟悉，因此导致入库花了很长时间。

思考：你知道的日用化学品有哪些？怎样进行合理的储存保管？

货品知识

### 任务实施

步骤一：说出常见的日用化学品，并将它们分类。

参照相关知识，进行小组讨论，回答问题并填表 2-3-1。

表 2-3-1 常见的日用化学品

| 序号 | 分类名称 | 日用化学品 |
| --- | --- | --- |
| 1 | 肥皂 | |
| 2 | 洗涤剂 | |
| 3 | 化妆品 | |
| 4 | …… | |
| 5 | …… | |

步骤二：体验对不同日用化学品进行质量检验。

分小组选取其中一种日用化学品进行观察，总结质量检验内容并填入表 2-3-2 中。

表 2-3-2 检验标准

| 序号 | 要素 | 内容 |
| --- | --- | --- |
| 1 | 外观 | |
| 2 | 颜色 | |
| 3 | …… | |
| 4 | …… | |

步骤三：总结储存保管要点。

小组根据不同日用化学品的性质，总结储存保管要点并填入表 2-3-3 中。

表 2-3-3 储存保管要点

| 序号 | 要点 | 内容 |
| --- | --- | --- |
| 1 | 存放位置 | |
| 2 | 温度 | |
| 3 | 湿度 | |
| 4 | …… | |
| 5 | …… | |

## 知识链接

### 一、日用化学品的概念

日用化学品是指人们在日常生活中使用的具有清洁、美化、清新、抑菌杀菌、保湿、保鲜等功能的精细化学品。常见的日用化学品有肥皂、洗涤剂、化妆品。

> **想一想**
> 你知道的日用化学品都有哪些？

### 二、肥皂

肥皂是油脂、蜡、松香或脂肪酸等与有机或无机碱进行皂化或中和所得到的产物。

#### （一）肥皂的成分

**1. 油脂**

油脂是油和脂的总称，由一分子的甘油和三分子的脂肪酸酯化而成，又名三脂肪酸甘油酯，简称三甘酯、甘油三酯。一般来说，常温常压下呈固态或半固态的称为脂，呈液态的称为油。根据油脂的性能及作用的不同，可以分为以下几类：

（1）固体油脂。固体油脂的作用主要是保证肥皂有足够的去垢力、硬度及耐用性。固体油脂主要有硬化油、牛羊油、骨油等。

（2）软性油。软性油的作用是调节肥皂的硬度和增加可塑性。软性油主要有棉籽油、花生油、菜油、猪油。

（3）月桂酸含量高的油脂。月桂酸含量高的油脂有椰子油、棕榈油等。其作用主要是增加脂皂的泡沫量和溶解度。

（4）油脂的代用品。人工合成的或其他可以取代油脂的物质。

**2. 合成脂肪酸**

合成脂肪酸是以石油产品经化学合成方法制得的脂肪酸，用作制皂的原料。对用于制皂方面以代替油脂的合成脂肪酸叫作皂用合成脂肪酸，简称皂用酸。合成脂肪酸皂的质量不如天然的油脂皂。

**3. 碱类**

肥皂中的碱主要是氢氧化钠，其次是碳酸钠、碳酸钾、氢氧化钾。其作用是与油脂进行皂化反应而生成肥皂。

#### 4. 辅助原料与填料

辅助原料与填料不能截然分开，它们绝大部分是既有辅助作用，又有填充作用。总的来说，是为了增加肥皂的洗涤综合性能，降低成本。

（1）松香。

松香是松树的分泌物去除松节油之后的产品。松香在空气中易吸收氧，能使肥皂的颜色逐渐变暗，因此肥皂中不宜多用，一般用量为 2%~4%。松皂在肥皂中的作用是防止酸败、增加泡沫、减少白霜，还可降低成本。

（2）硅酸钠。

硅酸钠可增加肥皂的硬度和耐磨性，并有软化硬水、稳定泡沫、防止酸败、缓冲溶液的碱性等作用。洗衣皂中硅酸钠的含量在 2% 以上，香皂中硅酸钠的含量在 1% 左右。

（3）荧光增白剂。

荧光增白剂是具有荧光性的无色或微黄色染料，吸收紫外线后，反射成蓝、青色可见光，这不仅抵消了织物上的微黄色，而且增加了织物的明亮度，常用于为洗衣皂增白。在黑枣中含量一般为 0.03%~0.2%。

（4）杀菌剂。

杀菌剂多用于添加在浴皂和药皂中，常用的杀菌剂有硼酸、硫黄、甲酚、三溴水杨酰苯胺等。杀菌剂用量一般为 0.5%~1%。

（5）多脂剂。

多脂剂常添加在香皂中，它能中和香皂的碱性，从而减少其对皮肤的刺激，使香皂有滑润舒适的感觉。这类物质可以仅为单一的脂肪酸，如硬脂酸和椰子油酸等，也可以由蜡、羊毛脂、脂肪醇配制成多脂混合物。多脂剂的用量为 1%~5%。

（6）羧甲基纤维素。

羧甲基纤维素（CMC）无洗涤能力，但易附于织物和污垢的表面，能防止皂液中的污垢重新沉积在被洗物中。

（7）着色剂。

着色剂的作用是装饰肥皂的色泽，洗衣皂中一般添加一些皂黄；香皂中所用的色调较多，有檀木、湖绿、淡黄、洁白等。肥皂中的着色剂要求耐碱、耐光、不刺激皮肤、不沾染衣物等。

（8）香料。

香料是香皂中必须加入的主要助剂。洗衣皂中有时也加入香料以消除不良气味。

### （二）肥皂的种类

肥皂是一个广义的概念，是脂肪酸金属盐的总称，包括碱性皂和金属皂，在用途上又分为家用和工业用两大类。

### 1. 洗衣皂

洗衣皂的主要成分是高级脂肪酸钠，根据国家轻工业局（QB/T 2486—2008）的行业标准，洗衣皂归纳为Ⅰ型和Ⅱ型两种，Ⅰ型：干纳皂含量≥54%，标记为"QB/T 2486 Ⅰ型"；Ⅱ型：干纳皂含量为43%~54%，标记为"QB/T 2486 Ⅱ"。

### 2. 香皂

香皂分为皂基型和复合型。皂基型（以Ⅰ表示）是指仅含脂肪酸钠、助剂的香皂，复合型（以Ⅱ表示）是指含脂肪酸钠和（或）其他表面活性剂、功能性添加剂、助剂的香皂。

### 3. 透明皂

通常采用纯净的浅色原料以保证成品皂的透明外观。以牛羊油、漂白的棕榈油、椰子油为油脂原料，以多元醇，如糖类、香茅醇、聚乙醇、丙醇或甘油或蔗糖为透明剂。透明皂具有耐用、碱性小、溶解度大、泡沫丰富等特点。

### 4. 药皂

药皂是在香皂中加入中西药物而制成的块状硬皂。由于加入药物种类和量的不同，药皂对不同的皮肤病有不同的疗效。近几年国内也出现了不少新的药皂，如硫黄皂、去痱特效药皂、中草药皂、驱蚊皂等。

### 5. 美容皂

美容皂也称为营养皂。一般为块状硬皂。皂体细腻光滑皂型别致。除普通成分外，还添加蜂蜜、人参、珍珠、花粉、磷脂、牛奶等营养物质和一些护肤剂。另外，还配有高级化妆香精，有清新雅致的香味和稠密稳定的泡沫。

### 6. 复合皂

为了克服肥皂本身的弱点，人们开发了配有表面活性剂或钙皂分散剂的皂类洗涤剂，这就是复合皂。

## （三）肥皂的质量检验

肥皂是人们洗涤衣物和洗浴身体的必需品，市场上的假冒伪劣产品会毁坏衣物、损伤皮肤。为维护消费者权益，商业企业等要认真做好质量检验工作，消费者也要识别相关产品质量的优劣。

### 1. 肥皂的外观质疵现象

肥皂的外观质疵现象主要有对肥皂的感官指标要求是图案清晰，字迹清楚，形状端正，色泽均匀，无不良异味。肥皂的外观质疵现象主要有：

（1）"三夹板"。是指肥皂剖面有裂缝并有水析出，或用手轻扭，就会裂成三块的现象。原因是加工不良。"三夹板"现象会影响肥皂的使用。

（2）冒霜。是指肥皂表面冒出白霜般颗粒的现象。这主要是由其中的碱或硅酸钠含量过高引起的。

（3）软烂。是指肥皂外形松软、稀烂不成型的现象。原因是固体油脂用量少，填料不足。

（4）出汗。是指肥皂表面出现水珠或者出现油珠的现象。这主要是在制皂过程中用盐量过多，造成肥皂中氯化钠含量过高，从而引起肥皂吸湿和酸败所致。

（5）开裂和糊烂。是指肥皂在积水的皂盆中浸泡后，出现糊烂，虽经干燥，但表面会出现裂缝的现象。

### 2. 肥皂（特指香皂）的外观质疵现象

除"三夹板"、冒霜、软烂、出汗、开裂和糊烂现象外，香皂还有以下四种独特的质疵情况：

（1）白芯。是指香皂表面和剖面上呈现白色颗粒现象。其形成原因是皂片干燥过度或固体加入物细度不够。

（2）气泡。由于干燥不当，香皂剖面上常有气泡产生，不仅影响香皂的重量，也影响使用效果。

（3）变色。香皂存放一段时间后，出现泛黄或变色现象，引起香皂变色的因素较多且很复杂，此处不再详述。

（4）斑点。香皂表面出现棕色小圆点的现象，这主要是香皂中的未皂化物质酸败引起的。

## （四）肥皂的包装标志

以洗衣皂为例，其包装箱外部标志有：

（1）产品名称和商标。

（2）干皂含量及每连（块）标准重量。

（3）每箱连（块）数、毛重、净重和体积。

（4）制造厂名及地址。

（5）生产批号和生产日期。

## （五）肥皂的保管

肥皂是一种难以保管的货品，它的成分很不稳定，容易受气候及环境的影响而引起质量的变化。肥皂属于容易吸潮的货品，受潮后会出现冒汗、部分糊烂，甚至引起酸败；肥皂在高温的环境中和阳光的照射下，会产生皂体变软和酸败的现象；在 $-50\ ℃$ 以下时，肥皂易冻结，而且皂体可能发生裂纹或破裂，使用时会掉渣片；肥皂受压过大，容易变形，甚至变成废品而不能销售。因此，肥皂宜储存于干燥通风的仓库内，避免其受冻、受热、曝晒，堆放应垫离地面 20 cm 以上，以免受潮，纸箱堆垛最高不超过 15 箱，防止压坏底层纸箱，每垛间隔 20 cm。

运输肥皂时，必须轻装轻卸，有遮盖物，还要防潮、防冻、防晒。

## 三、合成洗涤剂

合成洗涤剂是以合成表面活性剂为主要成分，并添加其他助洗剂和辅助材料制成的洗涤用品。

### （一）合成洗涤剂的组成及其作用

#### 1. 表面活性剂

表面活性剂是合成洗涤剂中最重要的有效成分，起到降低表面和界面张力从而达到洗涤去污的作用，根据其在水溶液中离解出来的表面活性质点的电荷不同，分为阴离子、阳离子、非离子和两性离子四大类。

（1）阴离子表面活性剂：由于这类表面活性剂在水溶液中离解出来的阴离子具有表面活性，故通称为阴离子表面活性剂。阴离子型表面活性剂是洗涤表面活性剂中的大类，占总量的 65%~80%，用量最大、应用最广，适合于制成各种类型的洗涤剂。

（2）阳离子表面活性剂：由于这类表面活性剂在水溶液中离解出的阳离子具有表面活性，故通称为阳离子表面活性剂。因其只有在酸性溶液中才能发挥作用，一般不作为洗涤用品的表面活性剂使用。在工业上阳离子表面活性剂被广泛用作纺织柔软剂、抗静电剂、杀菌剂等。

（3）非离子表面活性剂：这类表面活性剂在水溶液中不会离解为带电荷的阴离子或阳离子，即在水中呈中性的非离子的分子状态或胶束状态。

（4）两性离子型表面活性剂：由于其兼有阴离子和阳离子基团，因此既有阴离子表面活性剂的洗涤作用，又具有阳离子表面活性剂的对织物的柔软作用。它易溶于水，耐硬水，对皮肤刺激小，有较强的杀菌力和发泡力，适宜作泡沫清洗剂，多用于洗涤丝毛织物和洗发香波中。目前因其生产工艺复杂，成本较高，使用量还很少。

#### 2. 助洗剂及其他辅助剂

为了提高和改善合成洗涤剂的综合性能，除了主体成分——表面活性物外，必须加入助洗剂及其他辅助剂，以改善洗涤剂的去污力及乳化性、泡沫性、表面活性，并发挥各个组分相互协调、互相补偿的作用，使产品的洗涤性能更加完备并降低成本。

洗涤助剂可分为无机助剂和有机助剂两大类。

另外，在洗涤剂中还可加入其他辅助剂，如防腐剂、香料、色料等，根据其用途、种类，还可加入皮肤保护剂、织物柔软剂等。

### （二）合成洗涤剂的分类与主要品种

#### 1. 分类

合成洗涤剂种类繁多，各成系列。一般可按商品形式、用途、洗涤对象、洗涤难易程度、表面活性剂的种类和含量、泡沫多少及助洗剂的特点分成不同的类型。

（1）按商品形式，即按商品的外观形态可以分为粉状、空心颗粒状、液体、浆状、块状等多种形式洗涤剂。

（2）按用途分，主要分为民用洗涤剂和工业用洗涤剂。民用洗涤剂包括个人卫生清洁剂、衣物用洗涤剂和家庭日用清洁剂等。

（3）按洗涤对象可分为丝毛织品类洗涤剂、通用类洗涤剂等。丝毛织品类洗涤剂pH值为6.5~8.5；通用类洗涤剂pH值为9.5~11.0，适于洗涤棉、麻、合成纤维等。

（4）按洗涤难易程度可分为轻垢型洗涤剂和重垢型洗涤剂。

（5）按表面活性剂的种类和含量可分为Ⅰ类、Ⅱ类、Ⅲ类。

Ⅰ类、Ⅱ类以阴离子型表面活性剂为主，活性剂含量为10%~30%，Ⅲ类以非离子型表面活性剂为主，表面活性剂含量为10%~20%。

（6）按泡沫多少可分为低泡型、中泡型和高泡型。低泡型适用于洗衣机洗涤，高泡型适用于人工搓洗，中泡型可以兼顾。

（7）按助洗剂的特点可分为加酶型、增白型、漂白型等。

市场上出现的各种合成洗涤剂都是针对某些用途特点，选择一定的配方类型和合理的商品形式复配而成。目前，合成洗涤剂走向专用型是一个重要趋势。

#### 2. 主要品种

（1）合成洗衣粉：是合成洗涤剂用品中的主要大类，产品主要是空心粉状的，如果调整其中表面活性剂的配比以及加入特殊的助洗剂，就可以制成各种特点的洗衣粉，如丝毛洗衣粉、加酶洗衣粉、漂白洗衣粉、低泡洗衣粉、浓缩洗衣粉等。

近几年，国内出现了含有多种活性物配方的合成洗衣粉，称为复配洗衣粉。这种洗衣粉含的活性物总量较低，产品去污力强、成本低、颜色白、泡沫少、易漂洗。

（2）液体洗涤剂：在合成洗涤剂中是仅次于洗衣粉的第二大类洗涤剂，由于其使用方便、溶解迅速，并适合节能时代的要求，因此近年来发展很快。

洗衣用的液体洗涤剂可分两类：一类是弱碱性液体洗涤剂，与弱碱性洗衣粉一样可洗涤棉、麻、合成纤维等织物；另一类是中性液体洗涤剂，可洗涤毛、丝等精细织物。液体洗涤剂既要有较好的去污力，又要在寒冷的冬天和酷热的夏天始终保持透明、不分层、不混浊、不沉淀。

（3）浆状洗涤剂：以烷基苯磺酸钠为主体成分，加入各种助洗剂和适量的脂肪醇硫酸盐或非离子型活性物。其特点是便于生产，洗涤性能良好，成品为稳定、均匀、黏稠的胶态分散体。

（4）餐具洗涤剂：是厨房用洗涤剂中最重要的一类，在生产、销量上仅少于衣用洗涤剂，近年来餐具洗涤剂的功能更趋于完善，洗涤、杀菌、消毒等功能集于一体。

（5）住宅用洗涤剂：专门用于门窗、瓷砖、浴盆、家具等硬表面清洗，故又称硬表面清洗剂。这类洗涤剂往往是碱性的，表面活性剂含量不高。不要求有泡沫，但一般加入相当量的有机溶剂（可溶解油脂）。

（6）柔顺剂：衣物在洗涤过程中，细小纤维往往会缠绕、纠结在一起，甚至断裂，衣物经多次洗涤后，洗涤剂的碱性作用更使纤维固有的光滑性、延伸性及弹性受到影响，显现出的便是整件衣物看起来变旧、没形，触摸起来手感变硬，衣物洗涤次数越多这种感觉就越明显。衣物柔顺剂的作用就好像是为织物纤维的表面均匀地上一层保护膜，纤维表面由于吸附了柔软剂，纤维间的摩擦系数降低了，可移动性增强了。纤维固有的平滑、延伸、压缩性能也得到了恢复。所以织物变得更加柔软、蓬松、有弹性。同样的道理，由于柔顺剂"保护膜"的作用减少了纤维间的摩擦，也就在一定程度上改善了棉、毛、蚕丝，特别是化纤织物带静电的现象。织物经过柔顺剂的调理，纤维恢复了原有的形态，织物上的褶皱也明显减少了，使原本繁复的熨烫工作变得简单、省时省力。

### （三）合成洗涤剂的质量要求

（1）感官品质指标：优质洗涤剂应色泽均匀；无异味，受一般外界影响应无变质情况，液态洗涤剂则要考虑其透明度、稠度、保存性等；固体洗衣粉则需要考虑颗粒度、视密度、流动性、吸潮结块性等。

（2）理化质量指标：合成洗涤剂内在质量指标包括表面活性剂含量，其高低涉及去污能力大小，以百分率表示；不皂化物含量，即中性油含量，其含量越小越好；pH值，即一般洗涤精细织品，如毛、丝织品等应该用pH值中性的合成洗涤剂，如果洗涤棉麻织品则需要碱性强些的，即pH值偏高一些。此外，还有去污力、分散力、生物降解率、对人体无害性或皮肤适应性等。

### （四）合成洗涤剂的包装标志

在选购食品用洗涤剂时，应选择包装上的标志（图案及文字）端正、清晰、牢固、易于识别。

#### 1. 小包装上应有的标志

（1）产品名称（低泡产品应标志）及商标名称和/或图案。

(2)产品执行标准号、有效的生产许可证，如标志产品条形码应符合我国对于条形码的相关规定。

(3)产品净含量。

(4)产品的主要有效成分、性能、使用说明及必要的注意事项（配方中使用不完全溶于乙醇的表面活性剂的名称应在主要成分中标志）。

(5)产品的生产日期和保质期或生产批号和限期使用日期。

(6)生产者名称、地址（含省、县）及邮政编码；此项规定也适用于1 kg以上（含1 kg）的塑料桶包装。

### 2. 大包装上应有的标志

(1)产品名称（低泡产品应标志）及商标。

(2)产品采用标准号。

(3)瓶（袋）装质量规格及装箱总数。

(4)货箱毛重、箱体尺寸。

(5)产品的生产日期和保质期或生产批号和限期使用日期。

(6)防水防潮、小心轻放和防止倒置等。

(7)生产者名称、地址（含省、县）及邮政编码。

(8)每一大包装内或产品包装容器上应附有产品质量检验合格证明或合格标志。

## 四、化妆品

化妆品是指用涂敷、揉擦、喷洒等不同方式涂于人体面部、皮肤表面以及毛发等处起保护、清洁、美化作用的一种日常生活用品。它具有令人愉快的香气，可以为人们营造容貌整洁、讲究卫生的形象，有益于人们的身心健康。

### （一）化妆品的分类

化妆品品类多样，常按其作用、外部形态、特殊用途进行分类。

#### 1. 按化妆品的作用分类

(1)清洁作用化妆品。

清洁作用化妆品主要用于去除皮肤、面部、毛发、口腔和牙齿上的脏物，以及人体分泌的代谢污物等。如香皂、清洁霜、洗面奶、卸妆油、磨砂膏等。

(2)保护作用化妆品。

保护作用化妆品主要用于保护皮肤、面部及毛发等，使其滋润、柔软、光滑，富有弹性，抵御寒风、烈日的伤害，防止皮肤皲裂、毛发枯断等，如雪花膏、乳液、润肤霜、防晒霜、护发素等。

（3）营养作用化妆品。

营养作用化妆品主要用于补充皮肤、面部及毛发的营养。增强组织活力，保持角质层含水量。如人参霜、蜂王浆霜、维生素霜、珍珠霜及其他各种营养霜。

（4）美化作用化妆品。

美化作用化妆品主要用于美化面部及毛发，使之增加魅力或发散香气。如粉底霜、粉饼、香粉、腮红、唇膏、发胶、摩丝、染发剂、眉笔、睫毛膏、眼影膏、香水、指甲油等。

（5）防治作用化妆品。

防治作用化妆品主要用于预防或治疗皮肤、毛发、口腔和牙齿等部位的影响外表或功能的生理、病理现象，如雀斑霜、粉刺霜、抑汗剂、祛臭剂、生发水、痱子粉、药物牙膏等。

### 2. 按化妆品的外部形态分类

（1）乳制类：如清洁霜、雪花膏、润肤霜、营养霜等。

（2）油剂类：如防晒油、沐浴油、按摩油等。

（3）水剂类：如香水、花露水、化妆水等。

（4）粉状类：如散粉、爽身粉等。

（5）块状类：如粉饼、腮红等。

（6）凝胶状类：如面膜、染发胶等。

（7）膏状类：如洗发膏、睫毛膏、剃须膏等。

（8）气溶胶类：如发胶、摩丝等。

（9）笔状类：如唇线笔、眉笔等。

（10）锭状类：如唇膏、眼影膏等。

### 3. 按化妆品特殊用途分类

特殊用途化妆品主要是指用于治疗的、具有药效活性的制品，包括毛发用和皮肤用两大类。适用于育发、染发、烫发、脱毛、防晒、美乳、健美、祛斑、防粉刺、抑汗、祛臭等的化妆品。

（1）育发类化妆品。

育发类化妆品是在酒精溶液中加入了各种特殊作用的制剂。如杀菌消毒剂、养发剂和生发成分，以起到特殊作用。促进头皮的血液循环，增强头皮的生理功能，营养发根，防脱发，清除头皮和头发的污垢、去屑止痒、杀菌、消毒等。保护头皮的正常机能，促进头发重新生长。

（2）染发剂。

染发剂可以改变头发的颜色，美化毛发。常用于日常生活的美容化妆或戏剧表演中，必要时将头发染成金黄色或棕黄色，但需求量最大的是黑色染色剂。根据染发剂中含有的染料不同，可将其分为合成有机染料染发剂、天然有机染料染发剂、无机染料染发剂以及头发漂白剂等。

（3）脱毛剂。

脱毛剂可以脱除不需要的毛发，如腋毛、过分浓密的汗毛等，其效果比剃除好。通常剃除时仅刮去贴着皮肤表面的毛发，而脱毛剂可以将毛孔中的毛发连根脱除，这使得脱毛后毛发生长慢，留下舒适、光滑的皮肤。优质的脱毛剂在5 min内便可以达到效果。毛发的组成和皮肤的组成类似，因此脱毛剂不应对皮肤造成刺激性或损伤。

（4）祛斑类化妆品。

祛斑类化妆品可以用于减轻面部皮肤表皮色素沉着。面部色素沉着表现为雀斑、黄褐斑和瑞尔氏黑皮症，是一种由于色素障碍形成的皮肤疾病。我国禁止在祛斑类化妆品中使用氢醌衍生物原料，因为长期使用此类产品会导致皮肤异色症等不良症状发生。目前抵制、减轻、祛除色素沉着一般采用SOD（超氧化物歧化酶）、曲酸、熊果苷、维生素C以及中草药（白及、白术、当归）等。

（5）防晒化妆品。

防晒化妆品能够防止皮肤由于日晒造成的损伤。根据防晒机理可将其归纳为两大类：一类是能分散射在皮肤上面的紫外线物质，如钛白粉、氧化锌、高岭土、碳酸钙、滑石粉等；另一类是能够吸收紫外线的物质，如水杨酸薄荷脂、苯甲酸薄荷酯、水杨酸酯、对氨基苯甲酸乙酯等。防晒化妆品的防晒效果用防晒系数SPF表示，是指在涂有防晒剂的皮肤上产生最小红斑所需能量与未加防护的皮肤上产生相同程度红斑所需能量之比。防晒系数SPF值的高低从客观上反映了防晒产品对紫外线防护能力的大小。防晒品的最低SPF值为2~6，中等防晒品的SPF值为6~8，高度防晒产品的SPF值为8~12，SPF值为12~20的产品为高强度防晒，超高强度的防晒化妆品的SPF值为20~30。皮肤专家认为，一般情况下，使用SPF值为15的防晒化妆品已经够了。

其他还有按化妆品的作用部位分类，如皮肤用化妆品、毛发用化妆品、口腔用化妆品和指甲用化妆品等。

## （二）化妆品包装标志

化妆品包装标志（图2-3-1）是指用以表示化妆品名称、品质、功效、使用方法、生产和销售者信息等有关文字、符号、数字、图案以及其他说明的总称。

### 1. 许可证标志

进口化妆品必须有"卫妆进字"或"卫妆进备字"文号，并且有入境货物检疫证明和进出口化妆品标签审核证书。

## 2. 环保标志

表示该产品从生产到使用直至最后消费回收，符合环保要求。

## 3. 可回收标志

说明产品或产品的包装是用可再生材料制作的。不同国家的标志有差异，日韩出产多是正方形，欧美出产多为三角形。

## 4. 勿靠近火源标志

表示存放环境要保持干燥，避免靠近火源、热源或曝晒。指甲油、香水、摩丝等产品的包装上都找得到这样的标志。

## 5. 开封后保质期

"12M"标志表示开封后的使用期为12个月。化妆品外包装上标示的保存期限，指的是未开封时的存放时间。注意：香味或颜色变了的化妆品要丢掉，要时不时检查是否过期。

图 2-3-1 化妆品包装标志

### （三）化妆品的储存保管

#### 1. 化妆品入库

化妆品入库要分类或单独存放，以防串味；要轻装轻卸，以防玻璃、陶瓷类包装容器破碎。

#### 2. 化妆品在库

化妆品在库要控制好温湿度。温度过高，会引起水分、香气、易挥发成分遗失以及霜膏中油水分离变质；温度过低，又会使含水较多的化妆品变硬、产生粗渣等质量变化，还能引起包装容器冻裂。湿度过高，会使粉质化妆品受潮结块，化妆品所含营养物质生霉变质以及包装损坏。因此，应保持库内温度为0~35℃、相对湿度为60%~85%。

要加强化妆品的在库检查，一旦发现包装漏气，应立即密封，以防香气和水分散发。

#### 3. 化妆品出库

化妆品要注意及时出库销售，先进先出。一般化妆品的保质期为1~3年。

## 课后习题

[单选题]

1. 肥皂的主要成分是（　　）。
   A. 硬脂酸　　　　B. 油酸　　　　C. 高级脂肪酸钠盐　　　　D. 硬脂酸甘油酯

2. 下列不属于洗涤剂的是（　　）。
   A. 肥皂　　　　B. 洗衣粉　　　　C. 洗洁精　　　　D. 漂白剂

[多选题]

3. 在肥皂的运输过程中，必须（　　）。
   A. 轻装轻卸　　　　B. 拿掉遮盖物　　　　C. 注意防潮　　　　D. 不能受冻

[调研题]

4. 不同化妆品在实际储存时需要注意哪些问题？

# 任务四　服装制品知识

## 任务描述

> 美特斯邦威——不走寻常路！每个人都有自己的舞台！我的呼吸也有自己的节拍！
> 
> 巴拉巴拉——童年不同样！
> 
> 海澜之家——男人一年只要逛两次海澜之家。
> 
> 如今市场上的服装品牌五花八门，消费者往往需要考虑自身的需求来选择合适的服装制品。
> 
> **思考：**市场上的服装制品种类繁多，它们是如何分类的？对于不同的服装，其包装要求是否有区别？该如何养护服装？

## 任务实施

步骤一：区分不同类型的服装。

参照相关知识，根据小组成员穿着的服装进行讨论，并填写表2-4-1。

表 2-4-1　服装制品分类

| 分类要求 | 服装名称 | 所属类目 |
| --- | --- | --- |
| 按基本形态分类 | | |
| 按服装功能分类 | | |
| 按服装品种分类 | | |

步骤二：选择适宜的包装方式。

服装那么多种类，服装包装该怎么选择？内衣、内裤、保暖衣、西装、棉衣、夏装、冬装、男装、女装……不同类型的服装有不同的包装，请根据所学知识填写表 2-4-2。

表 2-4-2　服装制品不同包装

| 服装类型 | 包装方式 | 优点 |
| --- | --- | --- |
| 内衣 | | |
| 连衣裙 | | |
| 羽绒服 | | |
| 西装 | | |

步骤三：学会对服装进行合理的养护。

任何一家服装厂都不可能是交一笔货之后再接一笔货，经常要同时进行，而且在服装储存期间还需要对其进行必要的养护，以保证服装的品质。请列举两种服装的养护要点并阐明养护意义，填入表 2-4-3 中。

表 2-4-3　服装制品养护要点

| 养护要点 | 养护意义 | 举例说明 |
| --- | --- | --- |
| | | |
| | | |

## 知识链接

### 一、服装制品的概述

服装是衣服鞋包及装饰品等的总称，多指衣服。国家标准对服装的定义为：缝制，穿于人体起保护和装饰作用的产品，又称衣服。

服装行业经过高速发展，形成了较为完整的产业链条，已经成为我国的支柱产业之一。近年来，服装行业竞争日趋激烈，越来越多的服装行业开始把目标投向物流优化。服装与其他货品相比，存在着对象多样性、产品季节性强等特点，其养护手段也各不相同。服装制品时尚性极强而且生命周期较短，正确地进行养护和验收是降低退换货概率、实现市场良性发展的重要途径。

> **想一想**
> 服装有哪些种类？不同服装的养护要求有何区别？

## 二、服装制品的功能

### 1. 防护功能

防护功能是指防寒隔热，保护人体使其能够适应气候条件的变化；能够遮蔽身体，防止外部侵袭，免受伤害；能够保护人体皮肤清洁，防止细菌或病虫害侵蚀等。

### 2. 适应功能

服装在穿着过程中要使人有舒适感，影响舒适的因素主要是用料中纤维性质、美容规格、坯布组织结构、厚度以及缝制技术等。适应功能是指人体穿用衣物需顺应于所处环境，有助于人们的行动。如在生活行动方面，穿衣不能阻碍人体的各种动作，可以起到协调人们生活行动并提高其效率的作用。

### 3. 装饰功能

最开始出现的服装主要以遮羞为目的，经过时间的发展转向了功能性（实用性）继而更注重服装的美观性，满足人们精神美的享受。例如，服装具有形态美和色彩美的功效，通过款式设计调节人体体型，可以弥补人体体型某些缺陷和不足。影响美观性的主要因素是纺织品的质地、色彩、花纹图案、坯布组织、形态保持性、悬垂性、弹性、防皱性、服装款式等。

### 4. 标志功能

服装是一种强烈的、可视的交流语言，它能告诉人们穿着者的性格特点。另外，服装还可以体现所属的群体，如警察制服，或表现社会运动的服装标志，如朋克风格的服装。

衣物、配件与饰品传达的社会信息则包含了社会地位、职业、道德与宗教连接、婚姻状态，人类必须知道这些符码以辨认出其传递出来的讯息。

## 三、服装制品的分类

服装的种类很多，由于服装的基本形态、品种、用途、制作方法、原材料的不同，各类服装亦表现出不同的风格与特色，变化万千，十分丰富。不同的分类方法使人们平时对服装的称谓也不同，大致有以下几种分类方法：

### 1. 根据服装的基本形态分类

根据基本形态与造型结构进行分类，服装可归纳为体形型、样式型与混合型三种。

（1）体形型。

体形型服装是符合人体形状、结构的服装，起源于寒带地区。这类服装的一般穿着形式分为上装与下装两部分。上装与人体胸围、项颈、手臂的形态相适应；下装则符合于腰、臀、腿的形状，以裤型、裙型为主。裁剪、缝制较为严谨，而且注重服装的轮廓造型和主体效果，如西服类多为体形型。

（2）样式型。

样式型服装是以宽松、舒展的形式将衣料覆盖在人体上，起源于热带地区的一种服装样式。这种服装不拘泥于人体的形态，较为自由随意，裁剪与缝制工艺以简单的平面效果为主。

（3）混合型。

混合型结构的服装是寒带体形型和热带样式型综合、混合的形式，兼有两者的特点，剪裁采用简单的平面结构，但以人体为中心，基本的形态为长方形，如中国旗袍、日本和服等。

### 2. 按服装的功能分类

根据功能进行分类，服装可分为以下几种：

（1）礼服。

在庄重的场合或举行仪式时穿的服装，如晚礼服；举行重要典礼时按规定所穿的衣服。礼服以裙装为基本款式特征，是指在某些重大场合上参与者所穿着的庄重而且正式的服装。礼服有很多种类，西方传统的礼服包括晨礼服、小礼服（晚餐礼服或便礼服）和大礼服（燕尾服）。注意，晚礼服并不包含在西方传统礼服之列。

（2）生活服装。

生活服装是指家居及普通人外出穿着的服装，可分为家居服装和外出服装两种。

家居服装是指在家庭环境中穿着的服装。包括家常服、围裙衣、晨衣、浴衣、睡衣等。家居服特点是穿脱方便、宽松舒适、款式简单实用、色彩柔和温馨。

外出服装是指非工作的闲暇时间穿着的服装。如街市服、旅行服、参观服、海滨服、度假服以及娱乐时穿着的休闲服等。这类服装在穿着上可以自由表达，自由搭配，是一类最能体现穿着者个人修养和品位的服装。

（3）工作服装。

工作服装是为工作需要而特制的服装，也是职工统一穿着的服装。一般是工厂或公司发放给职员统一穿着的服装，称为工作服装。随着工作服装行业的不断发展，越来越多的行业和企业的工作人员都要穿着工作服。

工作服装设计的原则首先是有明确的针对性：针对不同行业，同一行业不同企业，同一企业不同岗位，同一个岗位不同身份、性别等。

（4）运动服装。

运动服装是指专用于体育运动竞赛的服装。广义上还包括从事户外体育活动所穿着的服装。运动服装通常是按照运动项目的特定要求设计制作。

运动服装主要分为田径服、球类服、水上服、冰上服、举重服、摔跤服、体操服、登山服、击剑服九类。

运便服装指具有运动感觉的服装，穿着者多为大众。其强调运动功能性，造型简洁，衣着宽松合体，便于活动。

### 3. 按服装的品种分类

（1）衣类。

按着装层次可分为内衣、衬衫、外衣和大衣等。

内衣按功能不同又分为贴身内衣（汗衫、背心、内裤等），补正内衣（乳罩、束腰等）、装饰内衣（贴身内衣与外衣之间的衬装，如衬裙等）；衬衫是一种穿在内外上衣之间、也可单独穿着的上衣，男衬衫通常胸前有口袋，袖口有袖头；外衣指穿在人身体最外面的衣服，也称其为外罩、外套，外衣有时也具有一定的身份象征，如制服等；大衣按季节可分为冬季大衣、春季大衣等。

（2）裤类。

按舒适程度分，有适体型、紧身型、宽松型；按长度分，有短裤、长裤、七分裤等；按外部轮廓造型分，有锥子裤、萝卜裤、筒裤、喇叭裤等；按功能分，有马裤、健美裤、运动裤等。

（3）裙类。

按整体结构分，有连衣裙和半截裙。

连衣裙按腰节缝合线的高低分高腰裙、低腰群、中腰裙；按外形轮廓分紧身线型、H线型、A线型和公主线型等。常见品种有礼服裙、旗袍、衬衫裙、太阳裙等。

半截裙按长短分为迷你裙、膝裙、长裙、超长裙；按形态分为筒裙、喇叭裙、花瓣裙、郁金香裙；按分割、装饰等变化可分为二节裙、三节裙、六片裙等。

## 四、服装制品的包装

服装包装是指在服装产品运输、储存、销售的过程中用以保护服装产品外形和质量以及为了便于识别、销售和使用服装产品而使用的特定容器、材料及辅助物等物品的总称。

服装包装的形式很多，按分类方法的不同常有以下几种：

### 1. 按包装的用途分

按包装的用途可分为工业包装、销售包装、特种包装三类。工业包装是将大量的包装件用保护性能好的材料（如纸盒、木板、泡沫塑料等）进行大体积包装，它在服装运输和储存过程中直接起安全性保护作用，注重包装的牢固性，方便运输，不讲究外观设计。销售包装是以销售为主要目的的包装，它不仅起着直接保护商品的作用，而且具有促销的功能，讲究装潢印刷以吸引消费者，具有美化产品、宣传产品、指导消费的作用。特种包装是用于保护的包装，其材料的构成需由运送和接收单位共同商定，并有专门文件加以说明。

### 2. 按包装的材料分

按包装的材料可分为木箱包装、纸箱包装、塑料袋包装与纸盒包装等。

### 3. 按包装的层次分

按包装的层次可分为内包装和外包装。内包装也称销售包装、小包装，通常是指单件（套）服装的包装或若干件服装组成的最小包装整体。其主要功能除保护产品、促进销售外，还便于计数、便于再组装。外包装也称运输包装、大包装，是指在商品的销售包装或内包装外再增加一层包装，其作用主要是保障商品在流通过程中的安全，便于装卸、运输、储存和保管，因此具有提高产品的叠码承载能力，加速交接、清点、检验等功能。

### 4. 按包装的方法分

按包装的方法可分为传统包装（塑料袋、纸袋、纸盒包装等，如图 2-4-1 所示）、真空包装和立体包装等。

图 2-4-1　传统包装

### 5. 按包装的形态分

按包装的形态不同服装也可分为平装和挂装两种方式。平装是将服装按要求折叠成一定的规格、形状，再装入包装容器中的方法。挂装是将服装按件或套挂在特定规格、形状的衣架上再放入外包装内的方法。挂装方法有利于保护服装外形，便于清点和销售，多用于中高档西装、大衣、套装等。平装包装整洁美观，节省空间，适用于多种服装类型。

产品包装形式的确定，既要根据生产、销售和消费者的要求，又要考虑产品的种类、档次、运输条件等。如针织内衣不怕压，内包装可采用塑料袋包装，外包装可采用纸箱、木箱或麻包包装；高档西服、大衣则可采用立体包装，以免在储存、运输过程中使服装折皱变形；羽绒服、棉衣等可采用真空包装，以便减少装运体积和重量。

## 五、服装制品的验收标准

### 1. 验收内容标准

（1）基础标准。

基础标准是指具有一般共性和广泛指导意义的标准，如服装号型系列标准、服装名词术语标准、服装制图符号标准及服装规格标准。

（2）产品标准。

产品标准是指对某一产品所规定的质量标准，例如，裤子、西装、大衣、羽绒服装标准等，其内容包括该产品的形式、规格尺寸、质量标准、检验方法、储存运输、包装等。

（3）方法标准。

方法标准是指通用性的测试方法、程序、规程等标准，如水洗羽毛、羽绒试验方法标准，毛料服装检验方法标准，使用黏合衬服装剥离强度、硬挺度、耐水洗、耐干洗测试方法标准等。

### 2. 各类级别验收标准

（1）国际标准。

国际标准是指由国际标准化团体通过的标准。国际标准化团体有国际标准化组织（ISO）、国际羊毛局（IWS）等，国际标准在国际交往和国际贸易中起着重要作用。

（2）国家标准。

国家标准是指由国家标准化主管机构批准、发布，在全国范围内统一执行的标准。国家标准的代号是GB。《国家纺织产品基本安全技术规范》验收标准见表2-4-4。

表2-4-4 《国家纺织产品基本安全技术规范》验收标准

| 项目 | A类 | B类 | C类 |
| --- | --- | --- | --- |
| 甲醛含量/(mg·kg$^{-1}$) | 20 | 75 | 300 |
| pH值 | 4.0~7.5 | 4.0~7.5 | 4.0~9.0 |

续表

| 项目 | | A类 | B类 | C类 |
|---|---|---|---|---|
| 色牢度级≥ | 耐水（变色、沾色） | 3~4 | 3 | 3 |
| | 耐酸汗渍（变色、沾色） | 3~4 | 3 | 3 |
| | 耐碱汗渍（变色、沾色） | 3~4 | 3 | 3 |
| | 耐干摩擦 | 4 | 3 | 3 |
| | 耐唾液（变色、沾色） | 4 | — | — |
| 异味 | | 无 | | |
| 可分解芳香胺染料 | | 禁用 | | |

（3）行业标准。

行业标准及专业标准是指由主管部门批准发布，在行业及部门范畴内统一执行的标准。

## 六、服装制品的养护

### 1. 保持清洁

存放服装的仓库和包装要保持干净，要求没有异物及灰尘，防止异物及灰尘污染服装，同时要定期进行消毒。

服装在收藏存放之前要保证干净。服装在制作和流转中会受到外界及人体分泌物的污染。这些污染物如不及时清洗，任其长时间黏附在服装上，随着时间的推移就会慢慢地渗透到织物纤维的内部，最终难以清除。另外，服装上的这些污染物也会污染其他的服装。

服装上的污垢成分是极其复杂的。其中有一些化学活动性较强的物质，在适当的温度和湿度下，缓慢地与织物纤维及染料进行化学反应，会使服装污染处变质发硬或改变颜色，这不仅影响其外观，同时也降低了织物牢度，从而丧失了服装的穿用价值。皮革服装上的污垢如不及时清洗，时间久了会使皮革板结、发硬、失去弹性，难以穿用。

### 2. 保持干度

保持干度就是要提高服装在收藏存放中的相对干度。污垢中的有机物质，在适当的温度和湿度下会发生酸败和霉变。而服装的自身就是有机物质，除化纤是由高分子化合物组成外，棉、毛、丝、麻的化学成分是由葡萄糖聚合物和蛋白质类所组成。

由于服装带有霉菌，当自然纤维织物在长期受潮时，服装也会发生酸败和霉变现象，而使织物发霉、发味、变色或出现色斑。在有污垢存在的情况下，表现就更为突出。因此为防止上述现象的发生,在收藏存放服装时要保持相对干度。

### 3. 防治虫蛀和鼠咬

在各类纤维织物服装中,化纤服装不易招虫蛀,天然纤维织物服装易招虫蛀,尤其是丝、毛纤维织物服装更甚。为了防止服装虫蛀,除了要保持清洁和干度外,还要用一些防蛀剂来防范,一般用樟脑丸作为防蛀剂。

储存服装时应离地隔墙,不在仓库放置食物和水,开、关仓库门时要注意防止鼠趁机而入。可在墙角放置鼠饵、捕鼠器来防鼠。

### 4. 保护衣形

衬衣衬裤及针织服装可以平整叠起来存放,对于外衣、外裤要用大小合适的衣架裤架将其挂起;挂时要把服装摆正,防止其变形,衣架之间应保持一定的距离,切不可乱堆乱放;装箱时将服装整齐按码摆放、封箱时避免损伤服装,使其变形、破损。

### 5. 按照服装洗涤要求进行洗涤

图2-4-2为常见的洗涤符号。

图2-4-2 常见的洗涤符号

## 课后习题

[单选题]

1.下列服装类型不属于按服装功能分类的为( )。

A.生活服装　　　B.运动服装　　　C.工作服装　　　D.上衣

[多选题]

2.下列选项属于服装功能的是( )。

A.保护功能　　　B.适应功能　　　C.装饰功能　　　D.标志功能

3.根据服装验收标准的内容分类,可将其分为( )。

A.国家标准　　　B.基础标准　　　C.方法标准　　　D.产品标准

[调研题]

4.对日常生活中不同的服装进行分类,并选取合适的包装。

项目二 清洁普通货品

# 任务五 金属材料制品知识

## 任务描述

金属和金属材料在全球有着广泛的应用,许多金属都与我们的生活息息相关。

**思考:** 市场上品类繁多的金属材料制品具体是由哪种材料制成的?金属材料有哪些性能?应如何对金属材料制品进行养护?

## 任务实施

步骤一:区分不同类型的金属材料制品。

请列举你在生活中用到的金属材料制品,并填写表2-5-1。

表2-5-1 金属材料制品

| 所属类别 | 列举产品 | 产品功能 |
| --- | --- | --- |
|  |  |  |
|  |  |  |
|  |  |  |

步骤二:完成对不同金属材料制品的验收。

请将记录填入表2-5-2中。

表2-5-2 金属材料制品验收

| 验收产品 | 验收要点 |
| --- | --- |
|  |  |
|  |  |
|  |  |

步骤三:完成对不同金属材料制品的养护。

请将养护结果填入表2-5-3中。

69

表 2-5-3　金属材料制品养护

| 养护产品 | 养护要点 |
|---|---|
|  |  |
|  |  |
|  |  |

### 知识链接

金属材料是现代工业的基础，是商品生产和消费中的重要原料。地壳中金属材料的含量极其丰富，经过冶炼加工而得的铁、钢、铅、锌、锡、钛、银、金等金属及其合金不仅是各种五金工具、炊具、餐具、搪瓷器皿以及某些医疗器材、办公用品、工艺品、首饰等商品的主要原材料，也是家用电器的重要原材料，还是门窗、建筑、家具等商品或装饰部件的原材料。

金属材料是指具有光泽、延展性、容易导电、传热等性质的材料。一般分为黑色金属和有色金属两种。黑色金属包括铁、铬、锰等。其中钢铁是基本的结构材料，被称为"工业的骨骼"。由于科学技术的进步，各种新型化学材料和新型非金属材料的广泛应用，钢铁的代用品不断增多，对钢铁的需求量相对下降。但迄今为止，钢铁在工业原材料构成中的主导地位还是难以取代的。

> **想一想**
> 生活中有许许多多的金属材料制品，你知道它们分别属于什么类别吗？

## 一、金属材料的分类

金属材料的分类方式有很多，常见的有以下几种：

#### 1. 按金属材料的应用习惯分类

金属材料通常分为黑色金属、有色金属和特种金属材料。

（1）黑色金属又称钢铁材料，包括杂质总含量 <0.2% 及含碳量 ≤ 0.0218% 的工业纯铁，含碳 0.0218%~2.11% 的钢，含碳 > 2.11% 的铸铁不锈钢。另外，广义的黑色金属还包括铬、锰及其合金。

（2）有色金属是指除铁、铬、锰以外的所有金属及其合金，通常分为轻金属、重金属、贵金属、半金属、稀有金属和稀土金属等，有色金属的强度和硬度一般比纯金属高，并且电阻大、电阻温度系数小。

（3）特种金属材料包括不同用途的结构金属材料和功能金属材料。其中有通过快速冷凝工艺获得的非晶态金属材料，以及准晶、微晶、纳米晶金属材料等；还有隐身、抗氢、超导、形状记忆、耐磨、阻尼减震等特殊功能合金以及金属基复合材料等。

### 2. 按主要质量等级分类

（1）碳素钢按主要质量等级可分为普通碳素钢、优质碳素钢和特殊质量碳素钢。

（2）低合金钢按主要质量等级可分为普通低合金钢、优质低合金钢和特殊质量低合金钢。

（3）合金钢按主要质量等级可分为普通合金钢、优质合金钢和特殊质量合金钢。

### 3. 新型特殊功能金属材料

（1）非晶态材料也叫无定形或玻璃态材料，这是一大类刚性固体，具有和晶态物质可相比较的高硬度和高黏滞系数（一般在 10 Pa，即 10 Pa/s 以上，是典型流体的黏滞系数的 10 倍）。

（2）发光材料是指能够以某种方式吸收能量，将其转化成光辐射（非平衡辐射）的物质材料。物质内部以某种方式吸收能量，将其转化成光辐射（非平衡辐射）的过程称为发光。

在实际应用中，将受外界激发而发光的固体称为发光材料。它们可以以粉末、单晶、薄膜或非晶体等形态被使用，主要组分是稀土金属的化合物和半导体材料，与有色金属关系很密切。

（3）发汗材料是指高熔点金属烧结或预烧结成多孔骨架基体，熔渗低熔点金属所得的材料。在瞬间达到几千摄氏度高温的条件下，借助低熔点金属蒸发吸热，降低基体的温度。犹如人体毛孔出汗后引起的降温一样，达到经受超高温度的目的。发汗材料多数采用熔渗制造，常用于火箭部件、电器触头等使用条件恶劣的关键部位。

（4）形状记忆材料是指物体在某一温度下受外力变形，去除外力后仍然保持变形后的形状，但在较高温度下能自动恢复变形前的原有形状，这叫作形状记忆效应（Shape Memory Effect，SME）。

形状记忆合金（Shape Memory Alloy）在临床医疗领域有广泛应用，如人造骨骼、伤骨固定加压器、牙科正畸器、各类腔内支架、栓塞器、心脏修补器、血栓过滤器、介入导丝和手术缝合线等。记忆合金在现代医疗中正扮演着不可替代的角色，与人们的日常生活休戚相关。

## 二、金属材料的性能

金属材料的性能决定着材料的适用范围及应用的合理性。其有四个性能，即机械性能、化学性能、物理性能、工艺性能。

### 1. 机械性能

金属在一定温度条件下承受外力（载荷）作用时，抵抗变形和断裂的能力称为金属材料的机械性能（也称为力学性能）。金属材料承受的载荷有多种形式，它可以是静态载荷，也可以是动态载荷，包括单独或同时承受的拉伸应力、压应力、弯曲应力、剪切应力、扭转应力，以及摩擦、振动、冲击等。

金属材料的机械性能是零件的设计和选材时的主要依据。由于外加载荷性质不同（例如拉伸、压缩、扭转、冲击、循环载荷等），对金属材料要求的机械性能也不同。常用的机械性能包括强度、塑性、硬度、冲击韧性、多次冲击抗力和疲劳极限等。

### 2. 化学性能

金属与其他物质引起化学反应的特性称为金属的化学性能。在实际应用中主要考虑金属的抗蚀性、抗氧化性（又称为氧化抗力，这是特指金属在高温时对氧化作用的抵抗能力或者说稳定性），以及不同金属之间、金属与非金属之间形成的化合物对机械性能的影响，等等。在金属的化学性能中，特别是抗蚀性对金属的腐蚀疲劳损伤有着重大的意义。

### 3. 物理性能

金属的物理性能主要考虑密度（比重）：$\rho=P/V$（单位 $g/cm^3$ 或 $t/m^3$），式中 $P$ 为重量，$V$ 为体积。在实际应用中，除了根据密度计算金属零件的重量外，很重要的一点是考虑金属的比强度（强度 $\sigma b$ 与密度 $\rho$ 之比）来帮助选材；熔点：金属由固态转变成液态时的温度，对金属材料的熔炼、热加工有直接影响，并与材料的高温性能有很大关系；随着温度变化，材料的体积也发生变化（膨胀或收缩）的现象称为热膨胀，多用线膨胀系数衡量，亦即温度变化 1 ℃时，材料长度的增减量与其 0 ℃时的长度之比；磁性能吸引铁磁性物体的性质即为磁性，它反映在磁导率、磁滞损耗、剩余磁感应强度、矫顽磁力等参数上，从而可以把金属材料分成顺磁与逆磁、软磁与硬磁材料；电学性能主要考虑其电导率，在电磁无损检测中对其电阻率和涡流损耗等都有影响。

### 4. 工艺性能

金属对各种加工工艺方法所表现出来的适应性称为工艺性能，主要有以下四个方面：

（1）切削加工性能：反映用切削工具（例如车削、铣削、刨削、磨削等）对金属材料进行切削加工的难易程度。

（2）可锻性：反映金属材料在压力加工过程中成型的难易程度，如将材料加热到一定温度时其塑性的高低（表现为塑性变形抗力的大小），允许热压力加工的温度范围大小，热胀冷缩特性以及与显微组织、机械性能有关的临界变形的界限、热变形时金属的流动性、导热性能等。

（3）可铸性：反映金属材料熔化浇铸成为铸件的难易程度，表现为熔化状态时的流动性、吸气性、氧化性、熔点，铸件显微组织的均匀性、致密性，以及冷缩率等。

（4）可焊性：反映金属材料在局部快速加热，使结合部位迅速熔化或半熔化（需加压），从而使结合部位牢固地结合在一起而成为整体的难易程度，表现为熔点、熔化时的吸气性、氧化性、导热性、热胀冷缩特性、塑性以及与接缝部位和附近用材显微组织的相关性、对机械性能的影响等。

## 三、常见金属材料制品的包装

### 1. 钢材的包装

（1）螺纹钢。

定尺 9 m 包装：打包道数为 6 道，打包带之间要求分布均匀，两边打包带距端部 300~400 mm；定尺 12 m 包装：打包道数为 8 道，打包带之间要求分布均匀，两边打包带距端部 300~400 mm。

标志：标牌采用打牌机规范打印，并用焊牌机点焊方式悬挂，左右各一个，要求焊在每捆中间，焊灯尾必须去掉。

打包材料：6.5~7.0 盘圆或者 25 mm × 0.9 mm 宽钢带、专用焊牌和焊钉。

（2）盘圆。

国内和出口钢材包装必须采用横向捆扎八道绕，打包机压力必须保证在 25 t 以上，避免卷型过长或松卷、散卷，并且保证卷型紧密、规整，打包带坚固。如有松卷、散卷或打包带缺道，则不准装车。

标志：标牌采用耐高温材料，自动打牌机打牌，用专用标牌悬挂。

### 2. 铝合金门窗的包装

铝合金门窗是由铝合金建筑型材制作框、扇结构的门窗，分为普通铝合金门窗和断桥铝合金门窗。铝合金门窗具有美观、密封、强度高等特点，广泛应用于建筑工程领域，在家装中，常用铝合金门窗封装阳台。

铝合金表面经过氧化光洁闪亮。窗扇框架大，可镶较大面积的玻璃，让室内光线充足、明亮，增强了室内外之间立面虚实对比，让居室更富有层次。铝合金本身易于挤压，型材的横断面尺寸精确，加工精确度高，因此在装修中很多业主都选择采用铝合金门窗。在生产消费过程中，可以采用以下几种方式对其进行包装：

（1）纸箱包装。

包装样式：内置珍珠棉护角+蜂窝纸板隔离+纸箱外包装，如图2-5-1所示。

（2）全封木夹板包装。

包装样式：内置厚珍珠棉护角+气泡纸（膜）内包装+外钉木夹板，如图2-5-2所示。

图2-5-1 纸箱包装

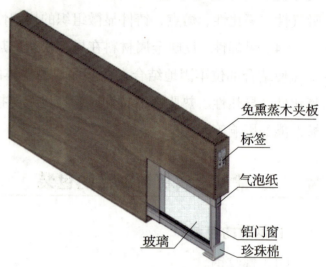

图2-5-2 全封木夹板包装

（3）蜂窝纸板包装。

包装样式：内部门窗气泡纸（膜）包裹+蜂窝纸板包边+捆扎带捆紧，如图2-5-3所示。

（4）蜂窝纸板包装+活动小装车架。

包装样式：蜂窝纸板包装+打包带+活动小装车架，如图2-5-4所示。

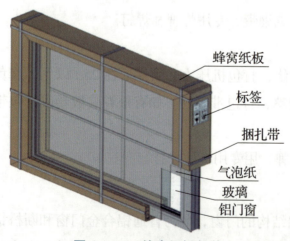

图2-5-3 蜂窝纸板包装

图2-5-4 蜂窝纸板包装+活动小装车架

## 四、常见金属材料制品的验收

### 1. 金属材料制品验收条件

外观检查环境亮度要求60 W日光灯下，检测者与被测产品视距约为400 mm。

## 2. 金属材料制品验收内容

金属件尺寸、形状、表面质量；焊缝数量、长度、煅焊、焊缝表面质量；表面喷塑质量、色泽；表面油漆质量、色泽；表面镀锌质量；表面发黑质量；弹簧尺寸、形状；精密铸造零件尺寸及表面质量。

## 3. 验收方法

用测量工具进行尺寸检验；用观察法进行表面形状、色泽、平滑检验；用对比法按封样进行检验；冲压件按 4% 的比例抽验，加工件按 5% 的比例抽验。

## 五、金属材料制品的养护

### 1. 常见金属材料制品的养护

（1）钢铁及其制品。

钢铁的硬度高，化学性质相对比较活泼，在干燥、低温、常温的环境下性质比较稳定。

钢铁制品在潮湿的空气中容易氧化腐蚀，因此在日常储存及养护中，应保持钢铁制品的库房清洁、干燥。日常养护中，用涂油方式防锈，储存时间长的，应注意检查，及时处理。

（2）铝及其制品。

铝是一种银白色的两性金属。其硬度、密度均逊于铁，具有良好的延展性。铝广泛应用于汽车、飞机、火车、船舶、人造卫星、火箭等制造。

铝及其制品的养护要求保证库房干燥、清洁，铝制品不能与酸、碱、盐等物品混存，装卸搬运避免碰剐，铝易燃，应按照危险化学品单独存放；铝型材在外表遭到腐蚀和污染时，要及时进行清洗，积垢后先用软布沾上酒精擦拭；禁止铝合金型材料在装运时松懈装车，造成碰伤。

（3）铜及其制品。

铜具有紫红色的光泽，质地坚硬，有延展性，导热性能好，导电性仅次于银，铜的性质不活泼。

铜制品的养护要求库房保持干燥，不可与氨或氨盐等物质接触，不同潮湿气体或二氧化硫气体接触，也不能和酸性物品及不同金属混堆，可用专业抛光剂进行抛光保养；可以在铜制品组件及材料的表面使用铜防变色剂，此防变色剂防锈效果好，不损失工件，使用方便快捷，不燃烧，不含有亚硝酸钠等有毒物质，较为安全环保。

（4）锡及其制品。

常见的锡是一种银白色而又柔软的金属，即白锡，常温时，锡与空气几乎不起作用，但能与浓硝酸生成锡酸，锡本身无毒，但其有机化合物有剧毒。

锡制品的养护要求库房温度不得低于 0 ℃，杜绝与酸、碱物质以及氯气接触，锡的硬度低，避免碰剐，锡光洁度降低时，可用清水或中性清洗剂进行清洗；锡是一种非常柔软的金属，擦拭时要横向沿一定的方向进行，不得使用刷子等坚硬物品擦拭。

### 2. 金属材料制品的防锈养护

（1）手工除锈。

手工除锈是一种最简单的除锈养护方法，它主要分为刮削法、磨砂法、刷除法、研磨法等。其中每种方法都有自己的特点，主要除锈金属物品各不相同。

（2）物理机械除锈。

物理机械除锈是当前应用比较广泛的一种除锈方法，其原理是利用冲击和摩擦作用有效地除掉锈蚀及其污物；物理机械除锈主要分为砂轮除锈、抛光除锈、滚动磨料除锈、磨砂除锈、高压水除锈等。

（3）化学除锈。

化学除锈是利用酸、碱溶液与被清理金属表面的锈污（氧化物）发生化学反应进而溶解的原理，达到除锈的目的。

化学除锈一般腐蚀性强、毒性高，所以除锈槽应有抽风设备，穿戴好防护用品，以免发生工伤事故；除锈过程中，由于溶液的蒸发需随时加水调整，补充新液。

## 课后习题

[单选题]

1. 下列产品不属于金属材料制品的是（　　）。

A. 高压锅　　　　B. 铝合金门窗　　　C. 易拉罐　　　　D. 塑料文具盒

[多选题]

2. 下列选项属于金属材料性能的有（　　）。

A. 机械性能　　　B. 化学性能　　　　C. 物理性能　　　D. 工艺性能

3. 下列属于金属材料制品的防锈养护手段的有（　　）。

A. 手工除锈　　　B. 物理机械除锈　　C. 生物除锈　　　D. 化学除锈

[调研题]

4. 家里的窗户，教室中的讲台，这些产品是如何包装的呢？请通过调研回答。

# 项目三

# 液体普通货品

## 知识目标

- 了解饮料的概念。
- 了解饮料常用的食品添加剂。
- 熟悉普通饮料的分类与特点。
- 熟悉普通饮料的包装类型。
- 掌握普通饮料的保存养护。

## 技能目标

- 能够辨别各种普通饮料。
- 能够为普通饮料挑选合适的包装。
- 能够采取合适的方式对普通饮料进行养护保存。

货品知识

## 思维导图

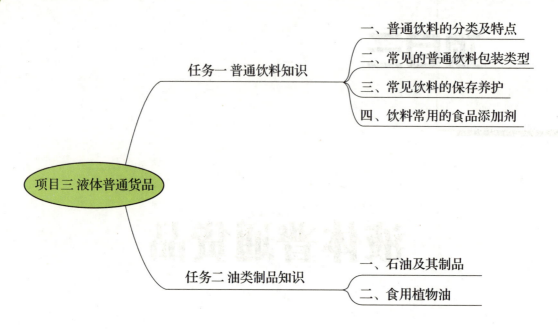

# 任务一　普通饮料知识

## 任务描述

农夫山泉——我们不生产水，我们只是大自然的搬运工。消费者：这水卫生不？

娃哈哈纯净水——我的眼里只有你。消费者：啥？纯净水才对身体好是吧？

可口可乐——喝我，够爽！

康师傅冰红茶——冰力十足，无可替代，让你从头到脚一爽到底。

乳酸菌饮品——帮助肠胃做运动。

汇源果汁——100% 好果汁。

**思考**：饮料种类丰富多彩，单就饮用水来说，就有很多类型。作为消费者，你该如何选择呢？普通饮料又应该如何保存呢？

## 任务实施

步骤一：区分不同类型的饮用水。

参照相关知识，进行小组讨论，并填写表3-1-1。

项目三　液体普通货品

表 3-1-1　饮料的种类

| 饮料类型 | 具体分类 | 特色 | 食品添加剂 | 选择的原因 |
|---|---|---|---|---|
|  |  |  |  | 因为这种饮品包含（能够）_____ _____，所以我选择它 |

注：可根据内容自行加行。

步骤二：为不同的饮料选择合适的包装。

请将对应项填入表 3-1-2 中。

表 3-1-2　饮料的包装分类

| 饮料名称 | 适合包装的类型 | 该包装的优点 | 该包装的缺点 |
|---|---|---|---|
| 农夫山泉 |  |  |  |
| 可口可乐 |  |  |  |
| 养乐多 |  |  |  |
| 味全果汁 |  |  |  |
| 星巴克美式咖啡 |  |  |  |

注：可根据内容自行加行。

步骤三：为不同的饮料选择合适的养护方式。

请将相关内容填入表 3-1-3 中。

表 3-1-3　饮料的养护方式

| 产品类型 | 温湿度要求 | 保存期限 | 其他 |
|---|---|---|---|
|  |  |  |  |
|  |  |  |  |
|  |  |  |  |
|  |  |  |  |
|  |  |  |  |

注：可根据内容自行加行。

货品知识

> **知识链接**
>
> 饮料是指以水为基本原料，由不同的配方和制造工艺生产出来，可以直接饮用的液体食品。它是经过定量包装的，供直接饮用或按一定比例用水冲调或冲泡饮用的，酒精含量（质量分量）不超过 0.5% 的制品，饮料也可分为饮料浓浆或固体形态，它具有解渴、补充能量等功能。饮料除提供水分外（由于在不同品种的饮料中含有不等量的糖、酸、乳、钠、脂肪、能量以及各种氨基酸、维生素、无机盐等营养成分），还具有一定的营养。

## 一、普通饮料的分类及特点

### （一）包装饮用水

包装饮用水是密封于容器中可直接饮用的水。

#### 1. 饮用天然泉水

饮用天然泉水是采用从地下自然涌出的泉水或经采集的、未受污染的地下泉水且未经过公共供水系统的水源制成的饮品。

#### 2. 饮用纯净水

饮用纯净水是以符合 GB 5749—2006《生活饮用水卫生标准》的水为水源，采用适当的加工方法，去除水中的矿物质等制成的饮品。

#### 3. 饮用矿物质水

饮用矿物质水是以符合 GB 5749—2006《生活饮用水卫生标准》的水为水源，采用适当的加工方法，有目的地加入一定量的矿物质而制成的饮品。

因为去除了杂质，味道和口感都比家用水要好，这是很多人选择包装饮用水的原因。另外，矿泉水中含有人体需要的多种矿物质元素，口感微甜，而且溶于水，更易被人体吸收，也成为健康人士选择的原因。

> **小知识**
>
> **纯净水 = 矿泉水？**
>
> 矿泉水与纯净水的共同点是安全、卫生。其最大的区别是矿物质元素的含量。纯净水是把水中各种元素最大限度地去除，只保留水分子，在去除有害物质的同时，也去掉了有益的物质；而矿泉水则是把水中的一些物质和微量元素做一定程度的保留。

### （二）碳酸饮料

碳酸饮料是在一定条件下充入二氧化碳的饮料，有果汁型、可乐型等各种类型。

### 1. 果汁型碳酸饮料

果汁型碳酸饮料是含有一定量果汁的碳酸饮料，如橘汁汽水、橙汁汽水等混合果汁汽水。

### 2. 可乐型碳酸饮料

可乐型碳酸饮料是以可乐香精或类似可乐果香型的香精为主要香气成分的碳酸饮料。

### 3. 其他型碳酸饮料

其他型碳酸饮料包括苏打水、姜汁汽水、盐汽水等。

## （三）果蔬汁饮料

果蔬汁饮料是用水果和蔬菜等为原料，经过加工或发酵制成的饮料。成品中果汁的含量应不低于10%。

### 1. 果汁饮料

果汁饮料是在果汁中加入水、食糖或者甜味剂等调制而成的饮料。

### 2. 复合果蔬汁饮料

复合果蔬汁饮料是含有两种以上的果汁、蔬菜汁等加入水、食糖和甜味剂、酸味剂等调制而成的饮料。

### 3. 果肉饮料

果肉饮料是在果浆中加入水、食糖或者甜味剂等调制而成的饮料。

> **小知识**
>
> **果蔬汁饮料 = 纯果蔬汁？**
>
> 《果蔬汁类及其饮料》（GB/T 31121—2014）中规定，果蔬汁中的果蔬原料含量（质量分数）必须达到100%，包含未经浓缩的"原榨（非复原）果蔬汁"和向浓缩汁中加入其加工过程中损失的等量水分后得到的"还原（复原）果蔬汁"。
>
> 纯果蔬汁中含有果蔬中所含的各种水溶性营养成分和果蔬的芳香成分，其营养成分含量及风味最接近果蔬原料本身。饮料中果蔬原料的含量（质量分数）大于10%即可称为果蔬汁饮料。果蔬汁饮料往往需通过使用食品添加剂来改善由于水的稀释作用而改变的风味和口感。

## （四）蛋白饮料

蛋白饮料是以乳或者乳制品，或有一定蛋白质含量的植物的果实、种子等为原料，经加工或发酵制成的饮料。

### 1. 乳酸菌饮料

乳酸菌饮料是以乳或者乳制品为原料，经乳酸菌发酵制得的乳液中加入水、食糖以及各种食品添加剂等制成的饮料，根据其是否经过杀菌处理而区分为非活菌或活菌型。如 AD 钙奶等。

### 2. 植物蛋白饮料

植物蛋白饮料是用有一定蛋白含量的植物果实、种子或果仁等为原料，经过加工制成的饮料。如豆奶、椰汁、核桃露等。

### 3. 配制型含乳饮料

配制型含乳饮料是以乳或者乳制品为原料，加入水、果汁、茶、咖啡以及食品添加剂等调制而成的饮料，如娃哈哈果奶等。

## （五）茶类饮料

茶类饮料是指用水浸泡茶叶，经抽提、过滤、澄清等工艺制成的茶汤或在茶汤中加入水、糖液、酸味剂、食用香精、果汁或植（谷）物抽提液等调制加工而成的制品。

### 1. 茶饮料（茶汤）

茶饮料（茶汤）是以茶叶的水提取液或其浓缩液、茶粉等为原料，经加工制成的，保持原茶汁应有风味的液体饮料，可添加少量的食糖和（或）甜味剂。产品中茶多酚含量 ≥ 300 mg/kg，咖啡因含量 ≥ 40 mg/kg。

### 2. 调味茶饮料

调味茶饮料是以茶叶的水提取液或其浓缩液、茶粉等为原料，加入果汁（或食用果味香精）或乳（或乳制品）或二氧化碳、食糖和（或）甜味剂、食用酸味剂、香精等调制而成的液体饮料。包括果汁茶饮料、果味茶饮料、奶茶饮料、奶味茶饮料、碳酸茶饮料及其他调味茶饮料。

### 3. 复（混）合茶饮料

复（混）合茶饮料是以茶叶和植（谷）物的水提取液或其浓缩液、干燥粉为原料，加工制成的，具有茶与植（谷）物混合风味的液体饮料。产品中茶多酚含量 ≥ 150 mg/kg，咖啡因含量 ≥ 325 mg/kg。

### 4. 茶浓缩液

茶浓缩液是采用物理方法从茶叶水提取液中除去一定比例的水分经加工制成、加水复原后具有原茶汁应有风味的液态制品。产品按标签标注的稀释倍数稀释后其中的茶多酚和咖啡因含量应符合同类产品的规定。

## （六）咖啡类饮料

咖啡类饮料是以咖啡的水提取液或是咖啡的浓缩液、速溶咖啡粉为原料，经加工制成的饮料。咖啡是一种兴奋剂，会给人体带来很多影响，如可利尿、刺激中枢神经和呼吸系统、扩大血管、使心跳加速、增强横纹肌的力量以及缓解大脑和肌肉疲劳。

### 1. 咖啡饮料

咖啡饮料是以咖啡提取液或是速溶咖啡粉为基本原料制成的液体饮料。

### 2. 低咖啡饮料

低咖啡饮料是以咖啡因的提取液或是去咖啡因的速溶咖啡粉为原料制成的液体饮料。

## （七）固体饮料

固体饮料是以果汁、动植物蛋白、植物提取物等原料制成的每100g成品水分不高于5g的制品，呈粉末状、颗粒状或者块状。分为蛋白型固体饮料，如豆奶粉、奶粉等；普通型固体饮料，如速溶咖啡、速溶茶粉等。

## （八）其他

植物饮料，如可可饮料、谷物饮料等；特殊用途饮料，如运动饮料等；风味饮料等。

## 二、常见的普通饮料包装类型

由于丰富多彩的饮料产品的出现，饮料包装也出现了多元发展的趋势。除了传统的玻璃容器外，金属容器、塑料容器以及纸容器也后来居上，成为饮料包装的主要类型。

### （一）玻璃瓶

玻璃瓶（图3-1-1）是一种历史悠久的包装材料。

优点：无毒、无味、透明、美观、阻隔性好、不透气、原料丰富、价格低廉，并且可多次周转使用，而且具有耐热、耐压、耐清洗的优点，可高温杀菌，也可低温储藏。

缺点：自重大、易破损、运输成本高，印刷等二次加工性能差。

适用：适用于绝大部分饮料产品，更是一些果茶、酸性饮料等对包装要求高的饮料的首选包装材料。

图3-1-1 玻璃瓶

## （二）金属罐

金属罐（图3-1-2），如饮料包装的易拉罐分两片罐和三片罐。两片罐以铝合金板材为主，多用于碳酸饮料的包装；而三片罐以镀锡薄钢板（马口铁）为主，多用于不含碳酸气的饮料包装。

优点：有优良的阻隔性能。不仅可以阻隔气体，还可以阻光，这一特点可使饮料具有较长的货架寿命；有优良的机械性能，主要表现在耐高温、耐湿度、耐压、耐有害物质的侵蚀等；不易破损，携带方便，适合现代社会的快节奏；表面装饰性好，可以刺激消费，促进销售；可以回炉再生循环利用。

缺点：化学稳定性差，耐碱能力差。

适用：碳酸饮料、咖啡类饮料等。

图3-1-2　金属罐

## （三）塑料包装

优点：价格低，质量轻，机械性能好；有非常适宜的阻隔性和渗透性；光学性能好，方便卫生。

缺点：由于塑料包装（图3-1-3）的成分大都为聚乙烯等，如果其含量过高，则会被包装内的食品吸收，对人体造成危害。此外，塑料包装的强度硬度都不如金属和玻璃高，耐热性差，材料易老化，且不容易被分解，会对环境造成危害。

适用：性能稳定的液体饮料，如饮用水等。

图3-1-3　塑料包装

> 小知识

### 塑料瓶的"身份证"

具体来说，每个塑料容器（大都在底部）都有一个小小的"身份证"，即一个三角形的符号，如图 3-1-4 所示。其中有数字 1~7，每个编号代表一种塑料容器，它们的制作材料不同，使用限制上也存在不同。

人们常用的普通饮料（常见矿泉水瓶、碳酸饮料瓶）等适用的塑料容器，三角里面的标志是 1。PET 塑料制品耐热度约为 70 ℃。一旦超过这个温度就会出现变形并使其化学结构产生变化，释放有毒物质。由于其化学结构的不稳定性，当盛放酒精类、油脂类物品时也会发生化学变化。因此可作为一次性产品使用，不建议循环使用。1 号 PET 的耐受温度为 –20~65 ℃，使用 10 个月后，1 号 PET 可能释放出致癌物邻苯二甲酸酯（DEHP），不能放在汽车内晒太阳；不要装酒、油等物质。

PET
聚对苯二甲酸乙二醇酯

常见矿泉水瓶、碳酸饮料瓶等。
耐热至 70 ℃ 易变形，有对人体
有害的物质融出

图 3-1-4　塑料瓶的身份证

## （四）纸容器

纸容器（图 3-1-5）用在饮料包装上，主要是指由纸复合 PE 膜或铝箔等制成的利乐包、康美包或者纸塑复合包装容器，其形状有屋顶包、无菌方形砖等。

优点：成本低、重量轻、无公害、可循环利用，是绿色环保包装。

缺点：耐压性和密封阻隔度都不如玻璃、金属或是塑料容器，且不能进行加热杀菌。

适用：短期保鲜的各类乳制液体饮料、茶饮料及果汁等饮料。

图 3-1-5　纸容器

## 三、常见饮料的保存养护

### （一）矿泉水的保存养护

矿泉水由于含有多种矿物质，因而保存方面比较特殊。一般矿泉水均有保质期，瓶装水为1年，桶装水为3个月（存放在背阴、避光的地方）。但是开封后的矿泉水就不受上述期限的保证了，应尽快饮用。凡是桶装水开封后不宜超过10天；最多是不超过14天，因为桶装水在放出水的同时进入同体积空气泡，空气中的细菌往往会随气泡进入水中，通常每立方米空气中约有5 000个细菌（非致病菌），时间一长细菌会繁殖生长而影响饮水卫生，所以开封后的矿泉水应尽快饮用。

### （二）碳酸饮料的保存养护

碳酸饮料根据其包装类型的不同，保存期限也不同。汽水玻璃瓶装保质期为3个月，塑料罐装保质期为6个月。应存放于背阴、避光之处。

### （三）果蔬汁饮料的保存养护

根据加工工艺的不同，果蔬汁可分为超高温杀菌产品和巴氏杀菌产品，后者由于杀菌条件温和，营养和风味更接近原料特点，缺点是需要低温保存，保质期相对较短，成本也较高。果蔬汁的储存应根据产品标签说明储存在适宜条件下。一般采用超高温瞬时杀菌的复原汁产品，常温可以储存半年以上。

果蔬汁在开封后应储藏在0~5 ℃冰箱内，并在48 h内饮用完。而巴氏杀菌或超高压杀菌的非复原汁则要求低温冷藏，保存时间较短，大多只有7~10天，开封后最好尽快饮用完，避免储藏期间微生物生长繁殖而对人体产生危害。

> **小知识**
>
> **常温 = 室温？**
>
> 超市许多普通包装的食品和自产散装食品上，标注的保存方式大多为：常温保存。常温并非是现在的天气温度，一般是指20~25 ℃，以保障食品安全。

### （四）蛋白饮料的保存养护

蛋白饮料种类丰富。这里以乳酸菌饮料为例，介绍保存养护的知识。乳酸菌饮品根据其是否经过杀菌处理而分为杀菌（非活菌）型和未杀菌（活菌）型。从储藏条件来看，未杀菌型乳酸菌饮料即活性乳酸菌饮料，应在低温条件下（2~6 ℃）储藏，产品从出厂、运输到销售均应在低温条件下进行，而杀菌型乳酸菌饮料的储藏条件不要求低温，一般在室温下销售即可；从保质期方面来看，未杀菌型乳酸菌饮料在低温条件下保质期一般为21天，而杀菌型乳酸菌饮料保质期则可达到6个月。

### （五）茶类饮料的保存养护

茶类饮料因其茶汤的特殊性，在温度、氧气和光照的作用下口味会发生改变，影响品质。所以茶类饮料的保存应该在密封避光的环境下，且建议的储藏温度在 4~10 ℃。

### （六）咖啡饮料的保存养护

咖啡饮料被认为是世界三大饮料之一。咖啡饮料的保质期一般为 9 个月，也必须保存于避光干燥的环境中。

## 四、饮料常用的食品添加剂

### （一）甜味剂

甜味剂是饮料生产中的基本原料，可分为天然甜味剂和人工合成甜味剂两大类。天然甜味剂有甜菊糖、甘草、甘草酸二钠、甘草酸三钾和三钠等。人工合成甜味剂有糖精、糖精钠、环己基氨基磺酸钠（甜蜜素）、天门冬酰苯丙氨酸甲酯、阿力甜等。

合格的食品添加剂对人体没有坏处，但是，长期过量摄入亦会对人的身体健康造成一定损害。同时，很多标明"无糖"的甜味食品并不是真的无糖，其中所使用的甜味剂虽然热量很低，甚至无热量，但是大多数会增加食欲，反而会增加热量的摄入。

### （二）酸味剂

酸味剂是能够赋予食品酸味并控制微生物生长的食品添加剂。酸味剂食品中的主要调味料，有增进食欲、促进消化吸收的作用。除去调酸味以外，兼有提高酸度、改善食品风味、抑制菌类（防腐）、防褐变、缓冲等作用。酸味剂按照其组成分为有机酸和无机酸两大类。食品中天然存在的主要是有机酸，如柠檬酸、酒石酸、苹果酸、延胡索酸、抗坏血酸、乳酸、葡萄糖酸等；无机酸有磷酸等。酸味剂有一定刺激性，长期摄入可能引起消化功能疾病。

### （三）防腐剂

防腐剂是能抑制微生物活动、防止食品腐败变质的一类食品添加剂。要使食品有一定的保藏期，就必须采用一定的措施来防止微生物的感染和繁殖。规定使用的防腐剂有苯甲酸、苯甲酸钠、山梨酸、山梨酸钾、丙酸钙等 25 种。在我国，食品生产过程中使用的防腐剂绝大多数都是人工合成的，若使用不当则可能产生一定的副作用；有些防腐剂甚至含有微量毒素，若长期过量摄入则会对人体健康造成一定损伤。

食用色素是色素的一种，即能被人适量食用的可使食物在一定程度上改变原有颜色的食品添加剂。其有天然与合成之分。天然食用色素是直接从动植物组织中提取的色素，对人体一般无害。人工合成食用色素是用从煤焦油中分离出来的苯胺染料为原料制成的，如合成苋菜红、胭脂红及柠檬黄等，因易诱发中毒、泻泄甚至癌症，对人体有害，故不能多用或尽量不用香精香料。

## 课后习题

[单选题]

1. 下列包装不适合果汁饮料保存的是（　　　）。

   A. 纸盒　　　　B. 玻璃瓶　　　　C. 金属罐　　　　D. 塑料瓶

[多选题]

2. 下列包装材料适用于碳酸饮料保存的有（　　　）。

   A. 纸盒　　　　B. 玻璃瓶　　　　C. 金属罐　　　　D. 塑料瓶

[判断题]

3. 纯净水不含有害杂质，日常生活中应该多饮用。（　　　）

[调研题]

4. 选取你日常最喜欢的饮料产品，分析其类型、成分、营养价值、包装及保存养护。

# 任务二　油类制品知识

## 任务描述

2010年7月16日约18时，大连新港附近一艘30万吨级外籍油轮在卸油过程中，因操作不当致使输油管线爆炸，进而引发火灾和原油泄漏。事故造成了人员伤亡，大连附近海域至少 50 km² 的海面被原油污染。

思考：对于油类制品，我们应该采取哪些措施才能避免危险的发生？结合商品养护的基本知识，分析在油类制品的运输过程中，货物保管人员应该如何对油品进行养护。

## 任务实施

步骤一：分析石油制品的种类、应用和保存方式。

分析石油制品的种类、应用和保存方式并填入表3-2-1中。

表 3-2-1 石油制品的种类

| 石油制品的种类 | 名称 | 应用 | 保存方式 | 注意事项 |
|---|---|---|---|---|
| | | | | |
| | | | | |
| | | | | |

步骤二：对于油类制品，应该采取哪些措施才能避免危险的发生？结合养护的基本知识，分析在油类制品的储存运输过程中，货品保管人员应该如何对油品进行养护。

步骤三：分析食用植物油的种类、特点、鉴别方法和日常食用方法。

分析食用植物油的种类、特点、鉴别方法和日常食用方法，并填入表 3-2-2 中。

表 3-2-2 食用植物油

| 植物食用油的类型 | 特点 | 鉴别 | 日常食用 |
|---|---|---|---|
| 举例：色拉油 | 色拉油是指各种植物原油经脱胶、脱色、脱臭（脱脂）等加工程序精制而成的高级食用植物油 | 品质好的色拉油呈淡黄色，澄清、透明、无气味、口感好 | 除烹调、煎炸用油外，主要用作冷餐凉拌油 |
| | | | |
| | | | |
| | | | |
| | | | |

步骤四：请你结合所学的知识，挑选家中日常所用的食用植物油，谈谈你对它的认识和是否会继续食用，并说明原因。

> 知识链接
>
> 油类制品包括石油及其制品，食用植物油，等等，每种油类货品都有自身的性质。

## 一、石油及其制品

### （一）石油制品的基本特点与组成成分

石油是一种黏稠的深褐色液体，被称为"工业的血液"，它是其他各种油制品的原料油。它的颜色多为黑色、褐色或暗绿色，也偶有黄色。在一般情况下，石油比水轻，密度为 0.77~0.96 g/cm³，凝固点差别很大（-60~30 ℃），沸点范围为常温到 500 ℃以上，可溶于多种有机溶剂，不溶于水，但可与水形成乳状液。石油主要是碳氢化合物。组成石油的化学元素主要是碳（83%~87%）、氢（11%~14%），其余为硫（0.06%~0.8%）、氮（0.02%~1.7%）、氧（0.08%~1.82%）及微量金属元素。

### （二）石油的种类

石油经过加工提炼后得到的产品大致可分为四大类。

#### 1. 燃料油类

燃料油是各类石油产品中用量最多的动力燃料类各种牌号的汽油、柴油、煤油和燃料油，广泛应用于各种类型的汽车、拖拉机、轮船、军舰、坦克、飞机、火箭、锅炉、火车、推土机、钻机等动力机械。

在燃料油储存过程中，要保证燃料油的质量必须注意：减少温度的影响。温度的变化对燃料油质量影响较大，如影响其抗氧化安定性，故在油库中常采用绝热油罐、保温油罐，高温季节还应对油罐淋水；减少空气与水分的影响。空气与水分会影响燃料油的氧化速度，故在储存燃料油时常采用控制一定压力的密闭储存；降低阳光对燃料油的影响。阳光的热辐射使得油罐中的气体空间和油温明显升高，而且紫外线还能对燃料油氧化过程起催化作用，轻油储罐外部大多涂成银灰色，减少其热辐射作用。降低金属对燃料油的影响。各种金属会对燃料油的氧化速度起催化作用，其中铜的催化作用最强，其次是铅。燃料油类的保存通常使用保温油罐（图3-2-1），以维持燃料油具有

图 3-2-1　保温油罐

较好的流动性。其主要有铁路、水运与公路装卸三种方式。

### 2. 润滑油类

润滑油使各类滑动、转动、滚动机械和仪器减少磨损、保证速率，起到润滑、散热、密封、绝缘等作用。润滑油和润滑脂被用来减少机件之间的摩擦，保护机件以延长它们的使用寿命并节省动力。虽然润滑油的数量只占全部石油产品的5%左右，但品种繁多，包括石蜡、地蜡、石油脂等。石蜡主要制成包装材料、化妆品原料及蜡制品，也可制成化工原料脂肪酸（肥皂原料）。

润滑油（图3-2-2）一般使用专门的油桶或油罐保存，均是防漏且会明显标示牌号和桶内润滑油的类别。润滑油品是为了不同用途而特别调制的，若搬运或储存失当，则会变坏或被污染，结果就不能为机件提供充分的润滑保护而变成废弃物。容量为200 L大桶装是工业上最普遍使用和最经常需要搬运的油品容器，卸货时，将油桶从卡车或火车上推下来的方式是不当的，碰到地面时油桶的接缝可能会破裂或整个油桶爆开，以致润滑油漏出而造成浪费。油桶卸下后，必须及时移往储存区，最佳的运送方法是使用铲车，也可使用两轮手推车。若卸货区与储存区之间的路面平坦，油桶可用滚动的方式送到储存的地方。储存润滑油最理想的地方是室内。

图3-2-2　润滑油

### 3. 建筑材料类

沥青具有良好的黏结性、抗水性和防腐性，广泛用于铺筑路面，作防腐防水涂料及制造油毛毡和碳素材料等。它们是从生产燃料和润滑油时进一步加工得来的，其产量约为所加工石油的百分之几。

沥青的运输方法很多，包括桶装运输、软包装运输、罐装运输等。桶装运输属于比较常见的运输方式，就是将沥青装至大桶中，桶就是常见的石油桶，每桶可以装沥青约160 kg，这种运输方式简单、方便，不过需要灌桶和拖桶。

沥青的运输、保管注意事项：①搬运沥青时应有防护措施，装卸、堆垛要使用工具，不得用手直接接触沥青。②夏季装卸沥青，应选气温低时进行，以免其遇热熔化。待运的沥青，不得放于太阳直晒之处或易于受热熔化之处。③搬运沥青时，皮肤外露部分应涂以防毒药膏，搬运后用肥皂水洗净。④沥青储存处应具备防火设备：泡沫灭火器、四氯化碳灭火机或沙土等，绝对禁止用水喷洒，以免由于热流扩散而扩大火灾范围。⑤桶装沥青

（图3-2-3）应立放稳妥，以免流失。

#### 4. 化工用品类

溶剂汽油是橡胶、油漆、皮革、油布等工业所需的溶剂并可用于洗涤机器和零件，是有机合成工业的重要基本原料和中间体。石油炼制过程如图3-2-4所示。

图3-2-3 桶装沥青

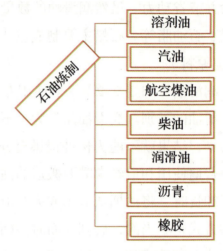

图3-2-4 石油炼制过程

### （三）石油及其产品的主要特性

#### 1. 挥发性

大部分石油及其产品都含有易挥发的碳氢化合物，所以具有易挥发性。石油产品的挥发不仅会造成其数量减少，而且由于其挥发部分多是轻质馏分，因此其在质量降低的同时，为燃烧、爆炸提供了石油蒸汽。石油蒸汽挥发快慢取决于温度的高低、压力的大小、表面积的大小等。

> **小知识**
> 
> 可燃液体挥发的蒸汽与空气混合达到一定浓度遇明火发生一闪即逝的燃烧，或者将可燃固体加热到一定温度后，遇明火会发生一闪即灭的现象，这种现象叫闪燃。发生闪燃时的固体最低温度称为闪点。在密闭环境下测定的燃点就是闭口闪点。

#### 2. 易燃性

石油及其产品具有遇火燃烧的特性。石油及其产品的燃烧是其蒸汽的燃烧，所以越易挥发的油品越易燃烧。易燃性可以用闪点的高低来衡量，闭口闪点低于60 ℃的油品具有易燃的危险性。

目前国内对石油依其火灾危险程度分为三级：一级——闭口闪点在28 ℃以下的石油，如汽油等；二级——闭口闪点在28 ℃以上、60 ℃以下的石油，如煤油等；三级——闭口闪点在 60 ℃及以上的石油，如燃料油等。

### 3. 爆炸性

石油及其产品所挥发的油气与空气混合，在一定的浓度范围，遇有火花即可发生爆炸。油气混合气能发生爆炸的浓度的下限与上限称为爆炸极限。油气的爆炸下限较低，即油气浓度低的时候特别容易引起爆炸。如汽油的爆炸极限为浓度 1.2%~7.2%。

### 4. 易感静电性

石油及其产品在管道内以一定速度流动或在容器（包括油舱）内晃动，会因管壁或容器壁相摩擦而带电，带电较高时，静电荷能在绝缘装备和接地物体之间放电。这时如果接触到周围的油气与空气的混合气就有可能引起爆炸或燃烧。

### 5. 毒害性

石油及其产品所挥发的气体对人体健康有害，尤其是含硫较多的石油气或是汽油。若长期接触石油可能导致严重的皮肤病；若吸入石油气会头痛、眼睛发炎，反应迟钝，若吸入浓度过高的石油气，还可能瘫痪、丧失知觉，甚至死亡。

### 6. 污染性

石油及其制品除大量挥发能造成空气污染外，液体的滴、漏及污水排放也能造成水域、陆域环境的污染。污染可分为三个方面，一是油气污染大气环境，二是污染土壤，三是污染地下水。

## （四）石油制品的保存养护

石油产品大多是易燃品，特别是汽油，在零下数十摄氏度仍能燃烧，其他品种也存有很大的着火危险性。所以对石油产品的储存、保管工作必须认真对待，切实做好。

### 1. 分开存放，严禁混存

各种石油产品一律不能混存，特别是汽油，属一级易燃、易爆的危险品，更不能与其他油类混存，避免爆炸引起更大的危害。

### 2. 及时封盖，防止挥发

储存石油产品的容器在出、入货后要及时封盖。土油池（罐）四周及顶部要适当培土，以防烈日曝晒而加速蒸发。金属油罐表面要涂银色漆料，减少罐体吸热量。在炎热季节，可向罐顶淋水或加隔热层，以防蒸发，造成损失。桶装石油产品不宜在烈日下曝晒，最好放在棚内，若必须露天存放，夏天要搭起临时凉棚，桶盖要拧紧，桶身稍倾斜，以防雨水。

### 3. 注意通风，防止中毒

很多石油产品的中毒临界值远远低于可燃下限值，所以储存石油产品的仓库等场所，要注意通风,确保石油气浓度低于中毒临界值。在工作中要佩戴必要的保护用品。

### 4. 经常检查,防止渗漏

石油产品大多是液体,极易渗漏流失,要经常检查,若发现问题,则立即抢修。检查以感官法检查为主,具体做法见表3-2-3。

表3-2-3 感官法检查项目

| | |
|---|---|
| 看 | 经常查看油池、油罐、油桶四周有无渗漏现象,容器内液面有无明显下降等 |
| 听 | 在气温较高的季节,金属包装如有裂缝、砂眼或焊接不严、封口不紧时,由于包装内气压较大,往往会发出"吱吱"声,可借此检查破裂之处 |
| 嗅 | 石油产品都易挥发,并有特殊气味,故可凭气味的浓度来判断是否有渗漏现象 |
| 摸 | 对不易看见的罐、桶底部,可用手摸进行检查,看是否有渗漏现象 |

### 5. 高度重视,严防火灾

要确保石油产品的安全储运,首要的问题是做好防火灭火工作。

(1) 为防止油罐爆裂,石油产品外溢和油罐失火,地上或地下油池、金属油罐或存放油桶场所的四周,要筑起高度在1 m以上,顶宽至少0.5 m的土堤,或用不燃材料筑成高度1 m以上的防护围墙。防火堤应坚实完整,不得有孔洞、空穴。

(2) 储油区内严禁烟火。特别是存放汽油的区域,绝对禁止使用蜡烛、打火机、火柴或煤油灯照明,不要用铁制工具敲击汽油大桶,避免装汽油的大桶互相碰撞,也不要穿着铁钉鞋到水泥地面的存油区工作。汽车、拖拉机进入石油库区装卸油时,要戴安全防火帽。石油产品在装卸、灌装、泵送等作业过程中产生的静电容易积聚产生强电场,当静电放电时会导致石油产品燃烧爆炸,所以在装卸货时应控制流速并将管线通过主液货管或船壳接地,以疏导电荷。

(3) 汽油不能同其他油料、棉花、火柴、雷管、炸药等易燃物资存放在一起。对沾有汽油的抹布、棉纱头、手套等,不要放在油库、车库内,也不要随地乱丢,应固定存放在一个地点,以防自燃和引燃。

(4) 油罐和油库附近不要有高压电线通过。仓库与高压线的距离应为电杆长度的1.5倍以上。大型油池、油罐应安装避雷设备和接地设备,以防雷击和静电放电。

(5) 存油区应配有足够的灭火工具,如防火石棉被、泡沫灭火器、二氧化碳灭火器、水桶、砂木箱、铁锹等。在汽油、柴油、煤油发生火灾时,不要用水去扑救,因水比油重,喷水会导致油料四溅,扩大着火范围,应当用泡沫灭火机扑救。小火可用湿棉被、湿麻袋等将火捂压熄灭,也可用砂土围堵四周,逐渐缩小包围,最后把火扑灭。

## 二、食用植物油

食用油也称为"食油",是指在制作食品过程中使用的动物或者植物油脂。常温下为液态。由于原料来源、加工工艺以及品质等原因,常见的食用油多为植物油脂。生活中常见的有大豆油、菜籽油、花生油、芝麻油、食用植物调和油等。

### (一)食用植物油的制取

食用植物油是从植物种子或果实中提取的,有草本油料和木本油料。草本油料有大豆、花生、油菜籽、芝麻、葵花子等,木本油料有椰子、油橄榄等。食用植物油的制取一般有两种方法:压榨法和浸出法。压榨法是用物理压榨方式,从油料中榨油的方法。浸出法是用化工原理,用食用级溶剂从油料中提取出油脂的一种方法,是目前国际上公认的最先进的生产工艺。

### (二)食用植物油的常见种类与属性

#### 1. 大豆油

大豆油是从大豆中压榨提取出来的一种油,人们通常称为"大豆色拉油",是最常用的烹调油之一。大豆油中的脂肪酸以不饱和脂肪酸为主,占90%,(其中必需脂肪酸亚油酸占44%~55%)。亚油酸是人体必需的脂肪酸,具有重要的生理功能。但是它在高温下不稳定,最好不要用来煎炸等高温烹饪。

大豆油的保质期最长也只有一年,质量越好的大豆油颜色应该越浅,为淡黄色,清澈透明,且无沉淀物,无豆腥味,加热时出现较多泡沫属于正常现象。此外,温度低于0 ℃的优质大豆油会有油脂结晶析出。大豆油中含有大量的亚油酸。

#### 2. 花生油

花生属于豆科植物,又名长生果等。淡黄透明,色泽清亮,气味芬芳,滋味可口,是一种比较容易消化的食用油。花生油含不饱和脂肪酸80%以上(其中亚油酸37.6%)。花生油的脂肪酸构成是比较合理的,易于人体消化吸收。经常食用花生油,可以防止皮肤皲裂老化,保护血管壁,防止血栓形成,有助于预防动脉硬化和冠心病。花生油炒菜香气扑鼻,是大多数人烹饪的首选。

品质好的花生油清亮透明,具有花生油固有的气味和滋味;无酸味、苦味和溶剂味。花生油的储存对温度的要求比较高。如果在一般储藏条件下,会发生自动氧化酸败的过程。所以,应在低于15 ℃的温度条件下,把花生油放在容器中密闭储藏。

#### 3. 菜籽油

菜籽油就是我们俗称的菜油,又叫油菜籽油、香菜油、芸苔油、香油、芥花油,是用油菜籽榨出来的一种食用油。是我国主要食用油之一。传统菜籽油的不饱和脂肪酸含量很高，达到95%。人体对菜籽油的吸收率很高，可达99%。菜籽油具有一定的软化血管、延缓衰老的功效。耐热性佳，适合炒菜，但不宜生食，容易拉肚子，而且炒菜时油一定要热熟。

品质好的菜籽油色泽呈黄色至棕黄色，形成的油花泡沫发黄稍带绿色，泡沫向阳时出现彩虹状，品尝时香中带辣。精炼度低的菜籽油黄绿色，加热时油烟大。

### 4. 橄榄油

橄榄油，属木本植物油，由新鲜的油橄榄果实直接冷榨而成，不经加热和化学处理，保留了天然营养成分。橄榄油的突出特点是含有大量的单不饱和脂肪酸。单不饱和脂肪酸除能供给人体热能外，还能调整人体血浆中高、低密度脂蛋白胆固醇的比例。因此，对于习惯摄食肉类食物而导致饱和脂肪酸与胆固醇摄入过多的人，选择橄榄油做食用油，便能有效地发挥其降血脂的功能。橄榄油被认为是迄今所发现的油脂中最适合人体营养的油脂。市场上售卖的橄榄油是有分类的，初榨橄榄油适合凉拌或低温烹饪，精炼橄榄油适合炒菜，而橄榄调和油就适合各种烹饪。

品质好的橄榄油油体透亮，呈浅黄、黄绿色，有果香味，口感爽滑，有淡淡的苦味及辛辣味。品质差的橄榄油油体浑浊，缺乏透亮的光泽。有异味，或者干脆什么味道都没有。

橄榄油一般选用深色不透光的瓶子存放于凉爽的地方。只要储存得当，橄榄油的保质期最高达到15个月。如果原封不动，保质期可以超过2年，但是一旦开启，应尽快在6个月内食用完。

### 5. 其他油品

（1）芝麻油。

芝麻油又叫香油、麻油，是中国传统的调味植物油，它是从芝麻中榨取出的油，其具有浓郁的炒芝麻香味，可促进食欲，帮助消化。芝麻油富含亚油酸、油酸、亚麻酸等不饱和脂肪酸，含量可达87%~90%，容易被人体分解、吸收和利用，以促进胆固醇的代谢，并有助于消除动脉血管壁上的沉积物，对防治心血管疾病有一定的作用。一般芝麻油都是炒熟后再压榨，含有丰富的维生素E和亚油酸，所以最好不要用来加热，这样容易让它的香气消失，用来拌凉菜、拌面最适合。

（2）玉米胚芽油。

玉米胚芽油是从玉米胚芽中低温萃取出的油。玉米胚芽油富含人体必需的维生素E和不饱和脂肪酸（如亚油酸和油酸占86%），对心脑血管有保护作用。玉米油适合快速烹饪，不会让食物失去原有的味道，重要的是也不会流失其中的营养成分。

（3）色拉油。

色拉油是指各种植物原油经脱胶、脱色、脱臭（脱脂）等加工程序精制而成的高级食用植物油。因特别适用于西餐"色拉"凉拌菜而得名。色拉油呈淡黄色，澄清、透明、无气味、口感好，烹调时不起沫、烟少，能保持菜肴的本色和本味，在0 ℃条件下冷藏5.5小时仍能保持澄清、透明（花生色拉油除外），除作为烹调、煎炸用油外，色拉油主要用于凉拌油，还可以作为人造奶油、起酥油、蛋黄酱及各种调味油的原料油。

## （三）食用植物油的保存

油脂的氧化是含油食品败坏的重要原因，在储存期间因空气中的氧气、光照、微生物和酶的作用，而产生不良的气味和苦涩味，甚至产生一些有毒的化合物，这些都被称为油脂的酸败。所以对食用植物油的储存必须要做到以下三点：

### 1. 隔氧

氧气会使油脂氧化，使油品产生不良的气味。更能破坏食品中的营养成分，如脂肪酸和各种维生素的分解等。所以，油类食品应该采用有效的隔氧包装。

### 2. 避光

光对油类食品的氧化反应有促进作用。所以，对于销售周期和储存期较长的食用油类，在包装时应该尽量选用遮光包装，或者在普通包装中加入阻挡紫外线光透过的元素。

### 3. 防潮

水分会对油类的氧化反应起催化作用。

此外，还要注意某些金属包装也会对油类制品的氧化起催化作用，所以，在盛装食用油时尽量不用金属桶，而使用塑料或者玻璃制品。

## 课后习题

[单选题]

1. 以下哪一项不属于石油的特点？（　　）

A. 易燃性　　　　B. 易挥发性　　　　C. 无毒性　　　　D. 易感静电

2. 以下哪种食用油不适合凉拌？（　　）

A. 橄榄油　　　　B. 色拉油　　　　C. 香油　　　　D. 大豆油

[多选题]

3. 燃料油类的装卸主要有以下哪几种方式？（　　）

A. 空运　　　　B. 铁路　　　　C. 水运　　　　D. 公路

4.以下哪些植物油属于草本油类？（　　）

A.大豆油　　　　B.油菜籽油　　　　C.核桃油　　　　D.花生油

[判断题]

5.润滑油和燃料油都属于石油制品，在储存时为节省空间，方便搬运，可以堆放在一起。

[调研题]

6.请你观察一下生活中各类植物油都是用何种材料储存的，并结合所学知识说明原因。

# 项目四

# 粗劣普通货品

## 知识目标

- 了解气味货品的成分、特性和分类。
- 了解易扬尘性货品的成分、种类和性质。
- 了解气味货品的包装标志。
- 了解易扬尘货品的包装及保管要求。

## 技能目标

- 能根据所学知识鉴别卷烟的质量。
- 熟悉制革生皮的质量要求和养护方法。

货品知识

## 思维导图

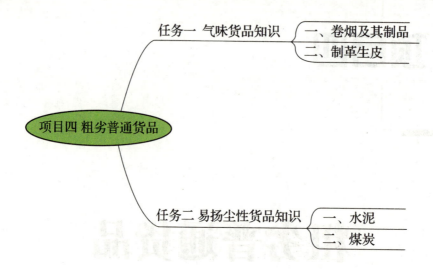

# 任务一 气味货品知识

### 任务描述

某烟草配送中心仓管员在对库存卷烟进行例行检查的过程中发现,部分卷烟由于受潮,导致烟支失去弹性,有发霉的斑点,部分烟支发出了刺激性气味,这些卷烟已经不符合出库质量要求,给该中心造成了一定的经济损失。

**思考**:你觉得在仓库保管过程中,怎样养护才能保证卷烟在保管中不受损呢?请你选择几种合适的养护方法。

### 任务实施

步骤一:熟悉卷烟的商品特性。

参照相关知识,进行小组讨论,列出卷烟的商品特性。

卷烟中的烟丝具有一定的吸水性,如果储存环境湿度过大,会吸收周围水分;卷烟易吸收周边的杂味,当周边存放挥发性气味的货品时,气味分子容易被卷烟吸收。

步骤二:选择合适的养护策略。

小组讨论,选择合适的卷烟商品养护策略,并说明理由,将其填入表4-1-1中。

表 4-1-1　卷烟商品养护策略

| 序号 | 商品养护策略 | 理由 |
|---|---|---|
| 1 | | |
| 2 | | |
| 3 | | |
| 4 | | |

步骤三：针对卷烟商品特性，制定其储存管理制度。

小组根据卷烟商品的特性、养护策略，尝试制定卷烟商品的储存管理制度，填写表4-1-2。

表 4-1-2　卷烟商品储存管理制度

| 序号 | 管理条目 | 规范制度 |
|---|---|---|
| 1 | 安全管理 | |
| 2 | 堆码要求 | |
| 3 | 温湿度控制 | |
| 4 | 防虫防霉管理 | |
| 5 | 其他 | |

## 知识链接

## 一、卷烟及其制品

卷烟又称纸烟、香烟、烟卷，主要以烟丝为原料，辅以其他添加剂，并用卷烟纸将烟丝卷制成条状的烟制品。

### （一）卷烟的属性

#### 1. 卷烟的成分

烟草是茄科烟草属植物，一年生或有限多年生草本植物，原产于南美洲，我国南北方广为栽培。由于烟草产地以及栽培方法的不同，形成了品质特点各异的烟草类型，主要有红花烟品种和黄花烟品种。其中，红花烟品种种植面积最广、产量最高，商业价值最大。

烟叶是烟草的叶片，是烟草工业的原料，卷烟生产70%以上的原料来自烟叶。烟叶从采集到制成卷烟原料，需要选择合适的加工流程。烟叶根据加工过程的不同，可分为晒烟、烤烟和晾烟三种。

（1）晒烟。

将从烟株上摘下来的青烟叶，在太阳光下晒干的过程称为晒烟。晒烟分红晒烟、黄晒烟、青晒烟和一般土晒烟四种。其特点是含糖量低、含氮化合物高，主要用于斗烟、水烟和卷烟，烟味大。

（2）烤烟。

烤烟是将采集的青烟叶置于设有热气管道的烤房中，给予适宜的温、湿度条件，使烟叶内成分进行生物化学变化，待烟叶变黄后烘干。烤烟通常分为管道烤烟和明火烤烟两种。其特点是色泽金黄、尼古丁含量多、含糖量高，烟味较淡。

（3）晾烟。

晾烟是在阴凉通风场所晾制而成，调制后的烟叶呈黑褐色，油分足，弹性强，吸味丰满，燃烧性能好。晾烟有白肋烟和香料烟两种，其中白肋烟的烟碱含量高，适用于混合型卷烟的生产。

> **想一想**
> 雪茄属于哪种类型的卷烟？

### 2. 卷烟的类型

（1）按烟叶品种和香型分类。

卷烟按所用烟叶品种及卷烟的香型不同，可分为以下四种类型。

① 烤烟型卷烟。烤烟型卷烟是以烤烟为主要原料，烟丝颜色较浅。以烟叶经过精心调制和陈化过后自然产生的香味为主，为突出优质烤烟的香味特征，添加少量香料，以调整和充实香气，烟劲适中。

② 混合型卷烟。混合型卷烟使用不同类型的烟叶为原料，烟丝颜色较深。通过加入配方比例适宜的香料，协调各类型烟叶香气，使混合型卷烟的香气更浓郁、细腻，焦油含量较低，烟劲较大。

③ 外香型卷烟。外香型卷烟就是加入特定的香料，突出某种人工加香而具有特定香气的卷烟，如薄荷香、可可香、玫瑰香、奶油香等香气。在加香过程中，应做到既突出某种人工加香的香气风格，又不遮盖烟叶本身的香气，使消费者在感官上、生理上、心理上同时得到满足。

④ 雪茄型卷烟。雪茄型卷烟所用烟叶品种一般为晒烟和晾烟，雪茄烟产品加香的一个显著的特点是一般都加入酒类物质，其目的一是取其酒香；二是减轻杂气；三是改进燃烧性。在添加方法上视其具体情况而采取不同的方法。

（2）按外观规格特征分类。

卷烟按外观规格特征分类，可分为有过滤嘴卷烟和无过滤嘴卷烟两类。过滤嘴是指卷烟的上面部分，是专门为吸烟人士设计的一种工具，它能够减少吸烟时入口的烟雾、焦油和燃烧时产生的悬浮粒子。

① 有过滤嘴卷烟。目前市场上生产和消费的大部分卷烟都是有过滤嘴卷烟。卷烟过滤嘴的三种主要功能包括直接拦截、惯性压紧和扩散沉淀。过滤嘴材质分为醋酸纤维、纸过滤嘴、再生纤维，其中醋酸纤维制成的过滤嘴是被广泛应用的一种。

② 无过滤嘴卷烟。无过滤嘴卷烟目前在市场上并不多见，主要存在于一些低档卷烟中，以及农村地区的旱烟，烟劲大，烟味浓烈。

### （二）卷烟的验收

卷烟的验收是按照验收业务作业流程，通过核对凭证，对入库卷烟进行数量和质量验收，发现卷烟存在的问题，并采取有效措施，减少和防止由此造成的经济损失。

> **想一想**
> 卷烟验收需要核对哪些凭证？

#### 1. 核对凭证

卷烟仓库保管员根据供应商出具的专卖准运证或增值税发票的"随货通行联"，对卷烟的品种、数量、规格进行到货确认。

#### 2. 数量验收

数量验收是指按照发票、装箱单或分类明细单等单据的记载，对整批卷烟商品进行逐一清点。首先核对卷烟的箱数，再通过随机抽样，抽检1~2箱，检查每箱卷烟的条数、每条卷烟的包数，是否与装箱单一致，证明其实际装货数量与单据一致。

#### 3. 质量验收

在实际业务中，卷烟质量验收主要包括包装检查、标志检查以及感官检查三个部分。

（1）包装检查。

① 箱装。

- 箱装应有产品质量合格证。
- 箱面各种印刷标记应清晰、完整，不应错印、漏印，封口应牢固。
- 箱体内壁与条盒或条包不应粘连。

② 条装。
- 条装外形应方正，各对应边长度之差应小于 3.00 mm。
- 条装表面和条包横头上的各种标记应清晰、完整，不应错印、漏印。
- 条盒、条包应粘贴牢固，表面洁净无折皱，不应有长度大于 5.00 mm 的污点，或虽小于 5.00 mm，但不多于两点。
- 条包横头应封贴牢固、整洁，不应贴破损横头，不应反贴、多贴或错贴横头，横头纸露出条包端面外长度应小于 1.50 mm。
- 条盒外包透明纸应紧贴牢固、整洁，与商标纸之间的距离不应大于 3.00 mm，表面无折皱、破损；拉带不应拉不开、拉断或拉开后透明纸散开。
- 条盒之间、条包之间或条盒包内壁与小盒之间不应因粘连而拉开后破损，条盒、条包不应破损或小盒露出大于 2.00 mm，条盒、条包不应错装、少装，包装应完整。

③ 盒装。
- 应具有良好的密封、防潮性能。
- 外形应方正，各对应边长度之差应小于 2.00 mm。
- 各种印刷标记应清晰、完整，不应错印、漏印。
- 不应有油污商标纸，表面应洁净，不应有长度大于 3.00 mm 的污点，或虽小于 3.00 mm，但不应多于两点。
- 软盒封签居中贴正，左右或前后两端偏离中心应小于 2.00 mm。
- 软盒封签应粘贴牢固、整洁，不应贴破损封签，不应反贴、多贴或错贴封签。
- 盒装外包透明纸应紧贴牢固、整洁，与商标纸之间的距离不应大于 2.00 mm，表面无折皱、破损，拉带应完整良好。
- 软盒粘贴应整齐，竖包错位不应大于 2.00 mm，横包错位不应大于 1.00 mm，软盒不应露白，表面不应有深度大于 1.00 mm 的凹角。
- 小盒之间不应因粘连拉开后产生破损。
- 小盒应粘贴牢固、整洁，搭口不应翘边，表面洁净无折皱。
- 小盒不应破损，不应露出烟支。
- 盒内烟支不应倒装、错装、多支、缺支、段残，不应有长度小于设计值 5.00 mm 的烟支。
- 盒内不应有虫，烟支不应有虫蛀。

（2）标志检查。

按照《卷烟包装、标志与贮运》国家标准，卷烟包装整体上的图形、文字应符合《中华人民共和国商标法》规定，其中汉字应符合国家规范的文字要求，所使用的数字应采用阿拉伯数字。

- 烟支长度表示单位：mm。

- 注册标记"R"应标在条、盒包装体下面右上角。
- 条形码应符合GB12904和国家烟草主管部门分配的代码码段。
- 包装体上应标有商标主图案及注册标记、生产企业名称、类型、烟支数量、焦油量、烟气烟碱量、警句。

（3）感官检查。

对各类型卷烟进行感观评级，按烟丝光泽、香味、杂气、刺激性等方面进行检查，以确定卷烟的内在质量，具体要求见表4-1-3。

表4-1-3 卷烟感官检查要求

| 检查类别 | 级别 | 烤烟型卷烟 | 混合型卷烟 | 外香型卷烟 | 雪茄型卷烟 |
|---|---|---|---|---|---|
| 烟丝光泽 | 甲级 | 色泽金黄、橙黄、正面均匀，无白点 | 色泽棕红、棕黄、微有白点，光泽油润 | 色泽橙黄、正黄或棕红、棕黄，微有白点，光泽油润 | 色泽为浅棕、深棕，光泽油润 |
| | 乙级 | 色泽深黄、淡黄、均匀，略有白点 | 色泽棕黄，微有白点，色泽尚油润 | 色泽为深黄、淡黄、棕黄，略有白点，光泽尚油润 | 色泽为浅棕、红棕，光泽尚油润 |
| 香味 | 甲级 | 香味丰富、饱满协调 | 香味纯正浓厚，净而不杂，混成一团 | 香味丰富而饱满、新颖、和谐一致 | 香味多而富、芳香四溢 |
| | 乙级 | 香味丰富而饱满，富而不虚，但稍粗糙 | 香味充足，稍粗糙，尚和谐 | 香味充实、充足，稍粗糙，尚和谐 | 香味充实，稍粗糙，尚和谐 |
| 杂气 | 甲级 | 无杂气 | 无杂气 | 无杂气 | 无杂气 |
| | 乙级 | 稍有杂气 | 稍有杂气 | 稍有杂气 | 稍有杂气 |
| 刺激性 | 甲级 | 无刺激 | 无刺激 | 无刺激 | 无刺激 |
| | 乙级 | 微有刺激 | 微有刺激 | 微有刺激 | 微有刺激 |

## （三）卷烟的包装标志

### 1. 卷烟商标辨识

卷烟商标应符合《中华人民共和国商标法》的规定，包装标志所使用的中文文字应符合规范汉字的要求，各类标志应当清晰牢固，易于识别，在使用汉字的同时可使用汉语拼音或者外文。

### 2. 卷烟的包装标志

卷烟的包装标志包括包装体企业标志、商品条码、焦油量、烟气烟碱量、烟气一氧化碳量以及警句标志。

（1）卷烟包装体上应注明省（市）名称和企业名称或直接注明企业名称，生产企业的名称应是依法登记注册的，能承担产品质量责任的生产企业的名称。

（2）商品条码应符合国家标准的要求，能够准确识读。

（3）焦油量表示为××mg或×mg；烟气烟碱量表示为×.×mg；烟气一氧化碳量表示为××mg或×mg，标注应与背景色对比明显，其中文字体高度不得小于20 mm。

（4）应注明警句，且中文警句字体高度不得小于20 mm。

## （四）卷烟的保管养护

卷烟对储存环境有较高的要求，过于潮湿以及干燥的环境都会对卷烟的质量造成不良影响。卷烟成分包含有机物，容易发霉，同时，由于卷烟吸湿性强，容易吸收周围环境的异味。为了维护卷烟在储存期间的质量安全，减少经济损失，宜采用以下保管养护方法：

### 1. 堆码

在库卷烟不能直接堆在地面，要按照安全、方便、节约的原则进行堆码，货垛之间要留合适的间距，主要通道宽度不小于2 m，一般走道不小于1.2 m，垛与墙间距不小于0.5 m，垛距不小于1 m。有柱子的库房，柱距不小于0.3 m，垛底距地面不小于0.2 m，照明灯与卷烟距离不小于1 m。

### 2. 库房温湿度控制

库房内温度控制在25~30℃，相对湿度控制在55%~65%，避免把卷烟放在靠近暖气的地方，或阳光能直射的地方。

### 3. 防止卷烟吸收异味

存放卷烟的仓库要做到专库专用，并保持库内清洁。不能与有味的商品混放，也不能在卷烟库存放潮湿的货品。

### 4. 经常进行安全检查

仓管员要做好每日安全检查记录，包括仓库的防火、防盗，正确使用防盗设施以及消防设备，严格控制明火及电源使用，库内照明必须带防爆装置。同时，应经常检查货物有无霉变、生虫等情况，若发现问题，应采取相应的措施。

## 二、制革生皮

皮革是经脱毛和鞣制等物理、化学加工所得到的已经变性不易腐烂的动物皮。从屠宰后动物胴体上剥下的、未经鞣制成革的皮，供制革和毛皮用的生皮，通常又称为原料皮，有使用价值的原料皮多为哺乳动物皮。皮革行业涵盖了制革、制鞋、皮衣、皮件、毛皮及其制品等主体行业，以及皮革化工、皮革五金、皮革机械、辅料等配套行业。我国皮革行业，经过调整优化结构，在全国已初步形成了一批专业化分工明确、特色突出、对拉动当地经济起着举足轻重作用的皮革生产特色区域和专业市场。

### （一）制革生皮的属性

#### 1. 制革生皮的成分

新鲜生皮含有蛋白质、水分、类脂物和矿物质等化学成分。其中最重要的是蛋白质，占比达73%，其他包括水分占比24.5%、类脂物占比2%、矿物质占比0.5%。在所含蛋白质中，含量最大的是胶原，其次是角蛋白等。胶原是一种纤维状蛋白质。存在于皮、骨、腱等结缔组织中，含有大量的甘氨酸、脯氨酸和羟基脯氨酸，它们是革和毛皮的基础物质。

#### 2. 制革生皮的结构

牛、羊皮的生皮结构类似，都是由表皮层、真皮层和皮下层三部分组成。

（1）表皮层。

表皮层位于最外层，由上皮细胞组成，紧贴表皮层下面有一层很薄的基底膜，表皮层与基底膜在制革过程中均应除去。

（2）真皮层。

真皮层位于基底膜之下，是生皮的主体部分，也是形成革的基本层，主要由结缔组织纤维，即胶原纤维、弹性纤维和网状纤维组成。

胶原纤维占结缔组织纤维的99%，是革和毛皮的加工对象，化学成分为胶原蛋白，有韧性，稍具弹性。每一胶原纤维束由若干平行的胶原纤维组成，同一胶原纤维束又叉分为若干个小纤维束，从而与别的胶原纤维束再组成新的纤维束，纵横交错构成了立体编织结构，使生皮和革具有较高的机械强度。

弹性纤维是结缔组织纤维的一种，化学成分为弹性蛋白，结构均匀，分支而不成束，在生皮中分布少，仅占皮重的0.1%~1.0%。牛、羊皮的弹性纤维主要集中分布在乳头层内。

网状纤维由网硬蛋白构成，是一种很细的纤维网，与胶原纤维共存。与胶原纤维比，其耐热性和化学稳定性好。

（3）皮下层。

皮下层又称为皮下脂肪层，是皮与动物体结合的过渡体，主要是由胶原纤维和弹性纤维所形成的疏松网状组织。皮下层中几乎全部为脂肪，在制革过程中需除去。

> **想一想**
> 制作真皮皮鞋主要用到哪种生皮原料？

### 3. 制革生皮的分类

制革生皮按动物种类不同，主要有牛皮、猪皮、羊皮以及其他杂皮，在制革工业中，主要以前三种生皮为主。

（1）牛皮。

牛皮主要以黄牛皮、水牛皮、牦牛皮为主。

黄牛皮的表皮薄，仅占皮层厚的0.5%；乳头层和网状层分界明显，乳头层粒面细致，占生皮厚度约20%，胶原纤维束较细；网状层胶原纤维束粗壮而且编织紧密；黄牛皮各部位厚度较均匀，部位差小，张幅大而厚实，物理机械强度好，制革时可剖成数层，利用率高，适于加工制作各类皮革。

水牛皮的被毛稀疏、粗糙、毛孔较大；皮较厚、较重；真皮层很厚，乳头层比网状层厚，乳头层纤维细，但编织紧密，网状层纤维粗壮，但纤维编织疏松，弹性不够，主要用于制造底革和装具革。

牦牛皮毛长绒厚、毛多为黑色、颈部有鬃毛、粒面较粗、背脊部位虻害严重，用途与黄牛皮相似，是我国西北地区的主要牛皮原料。

（2）猪皮。

猪皮中只有阉猪皮能制革，猪皮毛根深、毛眼粗；皮下脂肪发达；肌肉组织和弹性纤维发达；胶原纤维束编织紧密度差异大，主要用于制作一些中低档次的服装革、鞋用革、沙发革和重革。

（3）羊皮。

羊皮主要以山羊皮、绵羊皮为主。

山羊皮表皮层薄，约占皮层厚的2%；真皮层中乳头层组织较紧密、脂肪含量少，网状层比较厚实纤维编织也较紧密；皮下组织含较多的脂肪，是一层松软的结缔组织。山羊皮一般用于制作软鞋面革、中高档皮革服装和手套等制品。

绵羊皮表皮层薄，约占皮层厚的2%，被毛稠密；真皮层中乳头层相当厚，其中还有相当多的毛囊和腺体；油脂含量高，抗张强度低，延伸性较高。绵羊皮主要用于制裘皮制品，也用于制作高档次的皮革服装和手套。

## （二）制革生皮的验收

### 1. 核对凭证

制革生皮仓库保管员根据供应商出具的货运单据以及产品检验合格证明，对制革生皮的品种、数量、质量进行到货确认。

### 2. 数量验收

制革生皮的数量验收根据生皮计量方式不同，采取不同的验收方式。制革生皮的计量方式分为数量计量（以张数计算，用制革生皮总重量除以每张生皮的平均重量）和重量计量。在实际验收业务中，以重量计量为主，对照发票中记载的制革生皮的重量，对整批生皮进行过磅称重，证明其实际装货重量。

### 3. 质量验收

制革生皮的质量验收主要通过检验皮形完整度、破洞情况、刀伤及机械损伤、粒面伤残或破面程度等方面，证明其到货制革生皮的质量等级，是否与货运单据标明的等级相符。

（1）一级皮。

皮形完整，腌制充分，没有破洞、没有剥皮刀切穿之洞、没有深度超过皮厚度一半的刀伤或机械造成的损伤、粒面伤残或破面少于 2.54 cm。

（2）二级皮。

生皮皮形不完整，或是在生皮的主要部位范围内有破洞、剥皮刀切穿的洞，或由机械或剥皮刀造成的深度超过皮厚度一半的伤口，但其长度不得超过 15.24 cm、有肉眼可见集中于一处的粒面伤残或肿瘤，但其所占面积需小于 0.09 $m^2$。

（3）三级皮。

生皮有脱毛现象，有 5 个及以上破洞，或由机械或剥皮刀造成的深度超过皮厚度一半的伤口，长度超过 15.24 cm，或有切穿的洞。腌制不良，有集中一处的粒面伤残或肿瘤，面积超过 0.09 $m^2$。

## （三）制革生皮的包装标志

（1）皮革成品都应用牢固不易褪色的印色，在每张革的里面右下方印有以下标志：

① 产品名称。

② 制造厂名称。

③ 商标或商标名称。

④ 生产日期。

⑤ 等级。

⑥ 检验员代号。

⑦ 面积或重量。

（2）凡成件的产品，在包装内应附产品合格证，在外包装皮上应用不褪色的颜料刷写以下标志：

① 产品名称（鞋面革、服装革应注明颜色）。

② 等级。
③ 数量。
④ 面积或净重。
⑤ 出厂年、月、日。
⑥ 制造厂名称。
⑦ 商标。
⑧ 标准号。

（3）在外包装皮上，用大字标明"请勿用钩""防止受潮"等字样。

### （四）制革生皮的保管养护

制革生皮具有怕潮湿、不耐热、异味重、易感染细菌、易虫蛀等特点，如果保管养护措施不当，极易造成生皮的腐败变质。此外，刚从动物胴体上剥下的生皮带有多种微生物，加之鲜皮含水量占总重量的一半以上，易腐败，而且鲜皮内含有溶酶体，剥下后最初几小时内易发生自溶作用。因此，鲜皮如不能立即投入生产，就必须进行有效的防腐保藏。

较常采用的保管方法有：

#### 1. 干燥保藏法

干燥保藏法是直接将鲜皮晾干或在高于室温的条件下干燥。其不适用于猪皮等含脂肪多的生皮。

#### 2. 盐腌保藏法

盐腌保藏法即用食盐腌制鲜皮，可分为撒盐法和盐水浸泡法。撒盐法是将食盐均匀地撒在鲜皮的肉面上，盐用量为皮重的35%~50%；盐水浸泡法是将鲜皮放在25%的食盐水中浸泡16~24 h后再撒盐保存。

#### 3. 盐干保藏法

盐干保藏法是盐腌过的生皮再经干燥进行保藏。

#### 4. 浸酸保藏法

浸酸保藏法通常以皮重15%~20%的食盐和1.5%~2.0%的硫酸降低皮层的pH值。其多用于绵羊皮经脱毛、浸灰、脱灰后的裸皮的保藏。

#### 5. 冷冻保藏法

冷冻保藏法是使鲜皮冻结的方法，冷冻保藏法会破坏生皮的组织结构，降低生皮的机械性能。

#### 6. 射线照射保藏法

射线照射保藏法是近年研究的有发展前途的新方法，尚未被普遍采用。

# 课后习题

**[单选题]**

1. 某种卷烟中加入了特定的薄荷香料,这种卷烟属于哪种类型?(　　)
   A. 烤烟型卷烟　　B. 混合型卷烟　　C. 外香型卷烟　　D. 雪茄型卷烟

**[多选题]**

2. 对卷烟进行质量验收,包括哪几个方面?(　　)
   A. 烟丝光泽　　B. 香味　　C. 杂气　　D. 刺激性

3. 制革生皮的结构包括(　　)。
   A. 表皮层　　B. 真皮层　　C. 皮下层　　D. 结缔组织层

**[调研题]**

4. 对市场中的不同卷烟进行归类,并识读卷烟的包装标志。

# 任务二　易扬尘性货品知识

## 任务描述

某散装水泥转运中心负责人接到上级公司指令,要求将库内10 t散装水泥调运到A地,运输采取公路运输方式。对方客户要求对散装水泥进行包装,重量要求为一袋50 kg,每袋水泥重量误差在2%以内。

**思考:** 在保证水泥运输质量的前提下,选取哪种包装材料,才能降低水泥在装运过程中的损耗,圆满完成此次调运任务呢?

## 任务实施

步骤一:熟悉水泥的商品特性。

参照相关知识,进行小组讨论,列出水泥的商品特性。

水泥遇水会硬化,容易受潮变质。另外,水泥颗粒细,属于粉状物,在装运过程中极易扬尘,如不加以控制,不仅会污染环境,而且会造成水泥重量损失。

步骤二：选择合适的包装材料。

小组讨论，选择合适的水泥包装材料，并说明理由，并填写表 4-2-1。

表 4-2-1　水泥包装材料

| 序号 | 包装材料 | 特点 | 最终选定 |
| --- | --- | --- | --- |
| 1 |  |  |  |
| 2 |  |  |  |
| 3 |  |  |  |

步骤三：针对水泥的特性，制定水泥装运规范。

小组根据水泥的特性，尝试制定水泥装运规范，并填写表 4-2-2。

表 4-2-2　水泥装运规范

| 序号 | 项目 | 要求 |
| --- | --- | --- |
| 1 | 包装材料 |  |
| 2 | 运输车辆 |  |
| 3 | 装运注意事项 |  |

### 知识链接

## 一、水泥

水泥是指能与水拌和成可塑性浆体，能胶结砂石等适当材料，既能在空气中硬化，又能在水中硬化的粉末状水硬性胶凝材料。用水泥胶结碎石制成的混凝土，硬化后不但强度较高，而且能抵抗淡水或含盐水的侵蚀。长期以来，水泥作为一种重要的胶凝材料，被人们广泛应用于土木建筑、水利、国防等工程。

水泥是颗粒极细的粉状物，在装运作业中容易飞扬，属于易扬尘污染性货品。大量水泥粉尘不仅会污损其他货品，而且也造成本身重量损失。因此，凡沾染水泥粉尘后可能对质量产生影响的货品，均不能与水泥存放在一起。

### （一）水泥的属性

#### 1. 水泥的成分

普通的硅酸盐水泥主要化学成分为氧化钙、二氧化硅和少量的氧化铝和氧化铁；主要矿物组成为硅酸三钙、硅酸二钙、铝酸三钙和铁铝酸四钙，并在生产过程中加入适量石膏。在矿物组成方面，硅酸三钙和硅酸二钙含量约占75%，铝酸三钙和铁铝酸四钙的含量约占22%。

> **想一想**
> 水泥主要应用在哪些领域？

### 2. 水泥的分类

水泥按用途及性能可分为：

（1）通用水泥：一般土木建筑工程通常采用的水泥，包括硅酸盐水泥、普通硅酸盐水泥、矿渣硅酸盐水泥、火山灰质硅酸盐水泥、粉煤灰硅酸盐水泥和复合硅酸盐水泥。

（2）特种水泥：具有特殊性能或用途的水泥，包括油井水泥、快硬硅酸盐水泥、道路硅酸盐水泥、铝酸盐水泥、硫铝酸盐水泥等。

水泥按其主要水硬性物质名称分为：

（1）硅酸盐水泥。

由硅酸盐水泥熟料、0~5%石灰石或粒化高炉矿渣、适量石膏磨细制成的水硬性胶凝材料，称为硅酸盐水泥。国外称为波特兰水泥。

（2）铝酸盐水泥。

铝酸盐水泥是以铝矾土和石灰石为原料，经煅烧制得的以铝酸钙为主要成分、氧化铝含量约50%的熟料，再磨制成的水硬性胶凝材料。

（3）硫铝酸盐水泥。

硫铝酸盐水泥是以适当成分的石灰石、矾土、石膏为原料，经煅烧而成的无水硫铝酸钙和硅酸二钙为主要熟料，掺加适量石膏共同粉磨所制成的具有早、强、快、硬、低碱度等特性的水硬性胶凝材料。

（4）铁铝酸盐水泥。

铁铝酸盐水泥是以适当成分的石灰石、铁矾土和石膏为原料，经煅烧而成的以硫铝酸钙、硅酸二钙和铁相为主要矿物，通过掺加适量石膏进行共同粉磨，所制成的水硬性胶凝材料。

（5）氟铝酸盐水泥。

氟铝酸盐水泥以石灰石、矾土和萤石为原料，经煅烧而成熟料，并加入适量石膏和一定量的矿渣共同磨细而成。

（6）磷酸盐水泥。

磷酸盐水泥以磷酸、粉煤灰为原料制备，具有快、硬、早、强的特点。

## （二）水泥的验收

水泥进库时，首先应检查车门或棚布有无异状，车内水泥有无受潮。如果是袋装水泥，需检查外包装是否有破损，以便及时记录。

### 1. 核对凭证

水泥仓库保管员根据供应商出具的运输单据、产品合格证以及水泥三天质量检测报告单，对水泥的品种、数量、质量进行入库验收。

### 2. 数量验收

数量验收按照同一生产厂家、同一等级、同一品种、同一批号且连续进场的水泥分别进行计量。袋装水泥卸车时应堆码整齐，便于清点袋数有无短缺，并自备部分空袋和工具，以便换装破损纸袋和收集散失水泥。袋装水泥每袋净重为 50±1 kg，随机抽取 20 袋，总毛重应不少于 1 000 kg。散装水泥入库前，水泥运输车先进行过磅称重，卸载完成后，再次进行称重，两个数值相减就是散装水泥净重。

### 3. 质量验收

质量验收是按批（散装每 500 t 为一批，袋装每 200 t 为一批，不足时也按一批计）对同厂家、同批号、同品种、同强度等级、同出厂日期的水泥进行强度、细度、安定性和凝结时间等项目的验收，以检验入库水泥是否符合相关质量要求。

硅酸盐水泥初凝不得早于 45 min，终凝不得迟于 6.5 h；普通水泥初凝不得早于 45 min，终凝不得迟于 10 h。

质量验收结果包括合格水泥、不合格水泥、废品三种。

① 合格水泥：各项技术指标达到标准要求。

② 不合格水泥：凡是细度、终凝时间任一项不符合标准规定，或强度低于该强度等级的指标时为不合格水泥；矿渣水泥、火山灰水泥、粉煤灰水泥的掺合料超过限量的为不合格水泥；包装标志中品种、等级、生产者名称、出厂编号不全者为不合格水泥。

③ 废品：凡氧化镁含量、三氧化硫含量、初凝时间、安定性任何一项不符合规定的为废品。

对于合格水泥，应办理入库手续，对于不合格水泥及废品，应坚决拒收退货。

## （三）水泥的包装标志

水泥包装常见的有木桶包装、麻袋包装和纸袋包装三种。其中使用最广泛的是多层纸袋包装，由五层结实的牛皮纸构成，利用机械缝线封口，具有价廉、轻便、防尘性较好、拆卸方便等优点，每袋可装水泥 50 kg。

水泥包装袋上应清楚标明：执行标准、水泥品种、代号、强度等级、生产者名称、生产许可证标志（QS）及编号、出厂编号、包装日期、净含量。包装袋两侧应根据水泥的品种采用不同的颜色印刷水泥名称和强度等级，硅酸盐水泥和普通硅酸盐水泥采用红色；矿渣硅酸盐水泥采用绿色；火山灰质硅酸盐水泥、粉煤灰硅酸盐水泥和复合硅酸盐水泥采用黑色或蓝色。

散装水泥应提交与袋装标志相同内容的卡片。

### （四）水泥的保管养护

水泥在保管养护过程中，不得受潮和混入杂物，不同品种和强度等级的水泥要分开存放，避免混杂。

> **想一想**
> 水泥在保管过程中，要注意哪些方面？

#### 1. 库房存放

水泥仓库要专库专用，具备有效的防雨、防水、防潮措施，保持通风防潮。货垛要分品种型号堆放整齐，离墙不少于30 cm，严禁靠墙；垛底需架空，离地30 cm；垛高不得超过10袋。

#### 2. 露天存放

临时露天存放必须要有可靠的毡垫措施，下垫高度不低于30 cm，做到防水、防雨、防潮、防风。

#### 3. 散灰存放

应存放在固定容器（散灰罐）内，没有固定容器时，应设封闭的专库存放，并具备可靠的防雨、防水、防潮等措施。

此外，水泥的储存期不宜过长，以免受潮而降低水泥的强度。一般水泥储存期为3个月，超过3个月必须复检才能使用。

## 二、煤炭

煤炭是千百万年来植物的枝叶和根茎在地面上堆积而成的一层极厚的黑色的腐殖质，由于地壳的变动不断地埋入地下，长期与空气隔绝，在高温高压下，经过一系列复杂的物理化学变化等因素，形成的黑色可燃性固体矿物。

煤炭被人们誉为"黑色的金子，工业的食粮"，是人类使用的最主要能源之一，在火力发电、蒸汽动力、建筑材料、冶金工业以及民用等领域都有广泛应用。由于环境问题日益严重，煤炭的价值有所下降，但在目前和未来很长的一段时间之内，煤炭还是人类生产生活必不可少的能源。煤炭的供应也关系到我国工业乃至整个社会方方面面发展的稳定，煤炭的供应安全问题也是我国能源安全中最重要的一环。

## （一）煤炭的属性

### 1. 煤炭的成分

煤炭是地球上蕴藏量最丰富、分布地域最广的化石燃料。构成煤炭有机质的元素主要有碳、氢、氧、氮和硫。此外，还有极少量的磷、氟、氯和砷等元素。

碳、氢、氧是煤炭有机质的主体，占95%以上，煤化程度越深，碳的含量越高，氢和氧的含量越低。硫、磷、氟、氯和砷等是煤炭中的有害成分，其中以硫最为重要。煤炭燃烧时，绝大部分的硫被氧化成二氧化硫，随烟气排放，污染大气，危害动、植物生长及人类健康，腐蚀金属设备。当含硫多的煤用于冶金炼焦时，还影响焦炭和钢铁的质量。所以，含硫量是评价煤质的重要指标之一。

### 2. 煤炭的分类

根据煤的煤化程度和工艺性能指标的不同，可将煤炭分为褐煤、烟煤、无烟煤三种。

（1）褐煤。

褐煤是煤化程度最低的煤，外观多呈褐色，光泽暗淡，含碳量为50%~70%，含有较高的内在水分，为15%~60%，挥发成分大于40%，含游离腐殖酸。褐煤在空气中易风化碎裂，燃点低，燃烧时对空气污染严重，储存超过2个月就易发火自燃，堆放高度不应超过2 m，故褐煤不适宜运输。

褐煤主要用于发电厂的燃料，也可作化工原料、催化剂载体、吸附剂、净化污水和回收金属等。我国的褐煤主要分布在内蒙古东部和云南东部，东北和华南也有少量分布。

（2）烟煤。

烟煤是煤进一步变质的产物，煤化程度中等，含碳量为70%~90%，不含原生腐殖酸，外观呈灰黑色至黑色，一般为粒状、小块状以及粉状，具沥青光泽至金刚光泽，有明显的条带状、凸镜状构造，燃烧时冒浓烟，故称为烟煤。烟煤大多数具有黏结性，挥发物含量为10%~40%，发热量较高，仅次于无烟煤。

根据挥发分含量、胶质层的厚度及工艺性质，烟煤可分为长焰煤、气煤、肥煤、炼焦煤、瘦煤和贫煤等。

① 长焰煤：变质程度最低，挥发分最高的烟煤，一般不结焦，燃烧时火焰长。

② 气煤：变质程度较低、挥发分较高的烟煤。单独炼焦时，焦炭多细长、易碎，并有较多的纵裂纹。

③ 肥煤：变质程度中等的烟煤。单独炼焦时，能生成熔融性良好的焦炭，但有较多的横裂纹，焦根部分有蜂焦。

④ 炼焦煤：变质程度较高的烟煤。单独炼焦时，产生的胶质体热稳定性好，所得焦炭的块度大、裂纹少、强度高。

⑤ 瘦煤：变质程度较高的烟煤。单独炼焦时，大部分能结焦。焦炭的块度大、裂纹少，但熔融性较差，耐磨强度低。

⑥ 贫煤：变质程度高、挥发分最低的烟煤，不结焦。

（3）无烟煤。

无烟煤俗称白煤或红煤，是煤化程度最大的煤矿品种。无烟煤固定碳含量高，含碳量在90%以上，挥发物含量在10%以下；密度大、硬度大、燃点高，燃烧时不冒烟；黑色坚硬，耐磨性强，有金属光泽，断口成贝壳状；燃烧时火焰短而少烟，不结焦。

无烟煤应用广泛，块煤主要应用于化肥、陶瓷等行业；无烟粉煤主要应用在冶金行业，用于高炉喷吹；还可用于生活给水及工业给水的过滤净化处理。我国无烟煤主要分布在山西、河南、贵州等地区。

### （二）煤炭的验收

煤炭验收是指对入库煤炭进行数量检验和质量检验。通过对入库煤炭的验收管理，可以及时准确掌握到货煤炭的数量和质量，做好数量、质量等各项统计汇总工作，为之后的结算提供真实依据，降低由于验收不当造成的损失，提高经济效益，确保各项工作稳定运行。

#### 1. 核对凭证

煤炭验收负责人根据供应商出具的到货通知单及产品合格证，对煤炭的品种、数量、质量进行入库验收。

#### 2. 数量验收

数量验收是应用国家计量部门检测认可的计量工具，对到货的煤炭进行重量称重验收的过程。煤炭运输车入库前过磅，验收人将车号、煤种、发货单位、毛重等录入系统；车辆卸煤完毕后，验收员严格核对煤种、车号、供应商等相关数据，并对车辆皮重进行配对称重，计算实际入库重量，并开具过磅计量单。

计算公式：实际入库净重 = 车辆毛重 − 车辆皮重。

#### 3. 质量验收

煤炭的质量验收是根据国家有关煤炭采样的标准（表4-2-3），对到货煤炭有关指标进行检查验收的过程。

（1）外观检验项目包含外观水分、机械杂质（煤矸石、沙子、泥土、其他杂质）、粒度（烟煤粒度0.5~50 cm；无烟煤块煤粒度大于10 cm，粉面少于20%）等。外观检验根据机械杂质的多少，确定接收与否。存在少量机械杂质的，扣除杂质接收，并安排煤炭的取样工作；存在大量机械杂质的，予以拒收。

（2）检验煤炭的内在质量，包括水分、灰分、挥发分、固定碳含量、硫分等指标，是否符合合同规定的要求。

表 4-2-3 煤炭内在质量验收标准

| 类别 | 水分 | 灰分 | 挥发分 | 固定碳含量 | 硫分（低硫） |
|---|---|---|---|---|---|
| 褐煤 | <8% | 20%~30% | >40% | 50%~70% | <0.85% |
| 烟煤 | <8% | 10%~20% | 10%~40% | 70%~90% | <0.9% |
| 无烟煤 | <8% | <10% | <10% | >90% | <0.9% |

## （三）煤炭的保管

煤炭属于大宗商品，一般以露天存放为主。在煤炭保管过程中，储煤场地应布局合理，进出车便利，无浸水和杂草，防止煤炭变质、发热、自燃。煤炭取放应坚持"分堆存放、先存先取、用旧存新、按质匹配、科学管理"的原则。

（1）煤场储煤必须距院墙 3 m 以上，煤堆应整齐见方，顶部平坦，其坡度不得超过 60°。

（2）煤质须按品种分别存放，煤垛储量不宜过高过大，高度应控制在 4 m 以下。如果煤堆超高或靠墙堆煤时，必须采取有效可靠的措施。

（3）煤堆要采取层层压实，减少空气，防止氧化，或者采取多洞多孔的通风办法，散发热量，降低温度。

（4）保证煤场喷水系统、消防系统的可靠备用，做好防火措施，确保煤场安全。要对煤场进行不定期的喷水，防止煤粉飞扬，污染环境。

## 课后习题

[单选题]

1. 下列属于不合格水泥的是（　　）。

A. 氧化镁含量不合格　　　　　　B. 初凝时间不合格

C. 出厂编号不全　　　　　　　　D. 安定性不合格

2. 下列煤炭中，挥发分最低的是（　　）。

A. 长焰煤　　　B. 气煤　　　C. 瘦煤　　　D. 贫煤

[多选题]

3. 通用水泥包括（　　）。

A. 硅酸盐水泥　　　　　　　　　B. 矿渣硅酸盐水泥

C. 粉煤灰硅酸盐水泥　　　　　　D. 油井水泥

[简答题]

4. 煤炭保管需要采取哪些措施？

# 项目五

# 特性货品

## 知识目标

- 了解危险化学品的概念。
- 了解危险化学品的包装功能。
- 熟悉危险化学品的分类。
- 掌握危险化学品的标志及标签。
- 了解长大、笨重货品的含义、特点和分类。
- 了解大件货品的概念。
- 熟悉大件货品的类型。
- 掌握大件货品等级分类。
- 掌握长大、笨重货品的装载加固技术要求。
- 掌握长大、笨重货品运输组织步骤和内容。

## 技能目标

- 能够熟悉掌握危险化学品的分类。
- 能够识别危险货物包装物上的各种标志。
- 能够制作化学品的安全标签。
- 能够根据大件货品尺度和重量确认最后等级。
- 能够编制长大、笨重货品运输组织一般流程。

货品知识

## 思维导图

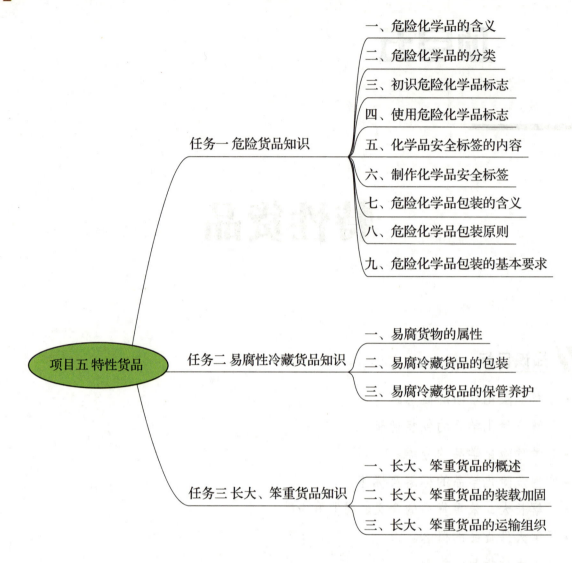

# 任务一　危险货品知识

**任务描述**

化学品安全标签是针对化学品而设计的一种标志。建立化学品安全标签制度，对所有化学品进行标志，正确识别和区分危险化学品，是安全使用化学品，预防和控制化学品危害及化学品事故发生的基本措施之一。安全标签的作用是警示能接触到此化学品的人员。化学品安全标签目前已国际化。

《化学品安全标签编写规定》(GB 15258—2009)规定了化品安全标签的内容和编写要求。该标准适用于爆炸品、压缩气体和液化气体、易燃液体、易燃固体、自燃物品和遇湿易燃品、氧化剂和有机过氧化物、毒害品和腐蚀品以及其他对人体和环境具有危害的化学品安全标签的编写。

**思考：** 如何制作化学品标签，使能接触到化学品的人员对所接触的化学品一目了然呢？

## 任务实施

步骤一：编写标签正文应简单、明了、易于理解，要采用规范的汉字表述，也可以同时使用少数民族文字或外文，但意义必须与汉字相对应，字形应小于汉字。相同的含义应用相同的文字和图形表示，具体参照《化学品安全标签编写规定》(GB 15258—2009)附录A、附录B所提供的短语进行编写。当某种化学品有新的信息发现时，标签应及时修订、更改。

小组讨论，选择最适合爆炸品的标签正文并说明理由。

请各小组讨论并设计选择适合的标签正文。

步骤二：标签内标志的颜色按《化学品安全标签编写规定》(GB 15258—2009)的规定执行，正文应使用与底色反差明显的颜色，一般采用黑白色。

步骤三：印刷标签的边缘要加一个边框，边框外应留≥3 mm的空白。标签的印刷应清晰，所使用的印刷材料和胶粘材料应具有耐用性和防水性。安全标签可单独印刷，也可与其他标签合并印刷。

小组根据选择的类别，尝试进行标签正文作业的编写，并将结果记入表5-1-1中。

表 5-1-1  标签正文编写步骤参考

| 序号 | 步骤参考 | 参考示例 |
| --- | --- | --- |
| 1 | 化学品和其主要有害组分标志 | |
| 2 | 警示词 | |
| 3 | 危险性概述 | |
| 4 | 安全措施 | |
| 5 | 灭火 | |

续表

| 序号 | 步骤参考 | 参考示例 |
|---|---|---|
| 6 | 批号 | |
| 7 | 提示 | |
| 8 | 生产企业 | |
| 9 | 应急咨询电话 | |

各小组在实践过程中总结编写技法，并填写表5-1-2。

表 5-1-2　标签编写技法

| 序号 | 要素 | 方法 |
|---|---|---|
| 1 | | |
| 2 | | |
| 3 | | |

## 知识链接

## 一、危险化学品的含义

化学品是指单个化学元素或由各种元素组成的化合物及其混合物，包括天然的和人工合成的。其主要有以下危险性：①爆炸性；②燃烧性；③氧化性；④毒性、刺激性、麻醉性、致敏性、窒息性、致癌性；⑤腐蚀性；⑥放射性；⑦高压气体危险性。

危险化学品是指具有毒害、腐蚀、爆炸、燃烧、助燃等性质，对人体、设施、环境具有危害的剧毒化学品和其他化学品。

## 二、危险化学品的分类

目前常见并用途较广的危险化学品有数千种，其性质各不相同，每一种危险化学品往往具有多种危险性，但在多种危险性中，必有一种主要的（即对人类危害最大的）危险性。因此，在对危险化学品分类时，掌握"择重归类"的原则，即根据该化学品的主要危险性来进行分类。

根据《危险货物分类和品名编号》（GB 6944—2012）及《危险货物品名表》（GB 12268—2012），危险化学品可分为以下九类。

### 1. 爆炸品

（1）定义。

爆炸品指在外界作用下（如受热、摩擦、撞击等）能发生剧烈的化学反应，瞬间产生大量的气体和热量，使周围的压力急剧上升，发生爆炸，对周围环境、设备、人员造成破坏和伤害的物品。一般指发生化学性爆炸的物品，如火药、炸药、烟花爆竹等。

（2）分类。

按爆炸品的危险程度分为六小类。

①有整体爆炸危险的物质和物品，如高氯酸。

②有抛射危险，但无整体爆炸危险的物质和物品。

③有燃烧危险并兼有局部爆炸或局部抛射危险之一，或兼有这两种危险，但无整体爆炸危险的物质和物品，如二亚硝基苯。

④无重大危险的爆炸物质和物品，如四唑并-1-乙酸。

⑤具有整体爆炸危险但非常不敏感的爆炸物质。

⑥无整体爆炸危险且敏感度极低的制品。

### 2. 压缩、液化或加压溶解的气体

（1）定义。

常温常压条件下的气态物质（临界温度低于50 ℃，在50 ℃时的蒸气压大于300 kPa或20 ℃时在101.3 kPa标准压力下完全是气态的物质）经压缩或降温加压后，储存于耐压容器或特制的高绝热耐压容器或装有特殊溶剂的耐压容器中，均属压缩、液化或溶解气体。这类物品当受热、撞击或强烈震动时，容器内压力急剧增大，致使容器破裂，物质泄漏、爆炸等。

（2）分类。

①易燃气体。泄漏时，遇明火、高温或光照，即会发生燃烧或爆炸的气体。爆炸范围越大，危险程度越高。如氨气、一氧化碳、甲烷等。

②不燃气体。泄漏时，遇明火不燃。直接吸入人体内无毒无刺激、没有腐蚀性，但浓度高时，有窒息作用的气体。如氮气、氧气等。

③有毒气体。气体泄漏时，对人畜有强烈的毒害、窒息、灼伤刺激作用的气体。其中有些还具有易燃性或氧化性。如氯（液化的）、氨（液化的）等。

### 3. 易燃液体

（1）定义。

闪点≤60.5 ℃的液体、溶液、乳状悬浮液，以及在等于、高于其闪点温度条件下运输

的液体；在高温条件下运输时放出易燃蒸气的液态物质均属易燃液体。

（2）分类。

易燃液体按闪点分为两级，超过45 ℃的称可燃液体。为确保安全，闪点在60 ℃以内的可燃液体也可参照易燃液体的要求来处理。本类物质在常温下易挥发，其蒸气与空气混合能形成爆炸性混合物。

①低闪点液体，即闪点低于–18 ℃的液体，如乙醛、丙酮等。

②中闪点液体，即闪点在–18 ℃ ~ < 23 ℃的液体，如苯、甲醇等。

③高闪点液体，即闪点在23 ℃以上的液体，如环辛烷、氯苯、苯甲醚等。

### 4. 易燃固体、易自燃或遇湿易燃物品

（1）定义。

燃点较低，对物理或化学作用敏感，容易引起燃烧的固态物质，称为易燃固体、易自燃或遇湿易燃物品。

（2）分类。

这类物品易于引起火灾，按燃烧特性可分为三类。

①易燃固体，是指燃点低，对热、撞击、摩擦敏感，易被外部火源点燃，迅速燃烧，能散发有毒烟雾或有毒气体的固体，如红磷、硫黄等。

②易自燃物品，是指自燃点低，在空气中易于发生氧化反应放出热量，而自行燃烧的物品，如黄磷、三氯化钛等。

③遇湿易燃物品，是指遇水或受潮时，发生剧烈反应，释放出大量易燃气体和热量的物品，有的不需明火，就能燃烧或爆炸，如金属钠、氰化钾等。

### 5. 氧化剂和有机过氧化物

（1）定义。

在化合价有改变的氧化—还原反应中，由高价变到低价（即得到电子）的物质作氧化剂，这类物品具有强氧化性，易引起燃烧、爆炸。

（2）分类。

①氧化剂，是指具有强氧化性，易分解放出氧和热量的物质，对热、震动和摩擦比较敏感。如氯酸铵、高锰酸钾等。

②有机过氧化物，是指分子结构中含有过氧键的有机物，其本身易燃易爆、极易分解，对热、震动和摩擦极为敏感，如过氧化苯甲酰、过氧化甲乙酮等。

### 6. 毒害品和感染性物品

（1）定义。

毒害品是指进入人畜肌体后，累积达到一定的量能，与体液和组织发生生物化学作用或

生物物理作用，扰乱或破坏肌体的正常生理功能，引起暂时或持久性的病理改变，甚至危及生命的物品。

感染性物品是指含有致病的微生物，能引起病态甚至死亡的物质。

（2）分类。

①毒害品。具有较强毒性，在运输过程中可能造成人畜中毒或污染环境的毒物，如各种氰化物、砷化物、化学农药等。

②感染性物品。含有致病的微生物，能引起病态甚至死亡的物品，包括基因突变的微生物和生物、生物制品、诊断标本以及临床和医疗废物。

### 7. 放射性物品

（1）定义。

一些元素及其化合物，能够自原子核内部自行放出穿透力很强而人的感官不能察觉的粒子流（射线），具有这种放射性的物质，称为放射性物品。

（2）分类。

①α射线。甲种射线，带正电的粒子流。对人体不存在外照射危害，内照射危害大。会由于电离的作用使人体器官和组织受损，且致伤集中，不易恢复。

②β射线。乙种射线，电子流，带负电，能对人体造成外照射伤害，但容易被有机玻璃、塑料等材料屏蔽。电离作用小，对人体的内照射危害比甲种射线小。

③γ射线。丙种射线，光子流，穿透力极强，很难完全阻隔和吸收。外照辐射会破坏人体细胞，对有机体造成伤害，不存在内照射危害。

④中子流。不带电的粒子，原子核的组成部分。中子最容易被含有氢原子的物质和碳氢化合物所吸收，撞击碳、氢原子核发生核反应，对人体的伤害极大，无法用重物质（铅板、建筑物）阻隔。

### 8. 腐蚀品

（1）定义。

腐蚀品是指通过化学作用使生物组织接触时造成严重损伤或在渗漏时会严重损害甚至毁坏其他货物或运载工具的物质。

（2）分类。

以酸碱性为主要标志，再考虑其可燃性。

①酸性腐蚀品，分为无机酸性腐蚀品和有机酸性腐蚀品。如硫酸、硝酸、盐酸等。

②碱性腐蚀品，如氢氧化钠、硫氢化钙等。

③其他腐蚀品，如二氯乙醛、苯酚钠等。

### 9. 其他危险品

其他危险品是指某种物品对某种运输方式有危险，但不属于前八大类危险货物的任何一种。如航空运输中的磁性物品（如手机、便携游戏机）、受限的固体或液体（榴莲、大蒜油等）、高温物质等。

## 三、初识危险化学品标志

危险化学品的种类、数量较多，危险性也各异，为了便于对危险化学品的运输、储存使用安全，有必要对危险化学品进行标志，向作业人员传递安全信息的警示性资料。常用危险化学品标志由《常用危险化学品的分类及标志》（GB 13690—1992）规定，该标志对常用危险化学品按其主要危险特性进行了分类，并规定了危险品的包装标志，既适用于常用危险化学品的分类及包装标志，也适用于其他化学品的分类和包装标志。

根据常用危险化学品的危险特性和类别，设主标志 16 种，副标志 11 种，共有 27 种标志。主标志由表示危险化学品危险特性的图案、文字说明、底色和危险品类别四个部分组成的菱形标志；副标志图形中没有危险品类别号。危险化学品标志图案如图 5-1-1~图 5-1-27 所示。

### 1. 主标志

底色：橙红色  
图形：正在爆炸的炸弹（黑色）  
文字：黑色

底色：正红色  
图形：火焰（黑色或白色）  
文字：黑色或白色

图 5-1-1　危险化学品标志 1　爆炸品标志

图 5-1-2　危险化学品标志 2　易燃气体标志

底色：绿色  
图形：气瓶（黑色或白色）  
文字：黑色或白色

底色：白色  
图形：骷髅头和交叉骨形（黑色）  
文字：黑色

图 5-1-3　危险化学品标志 3 不燃气体标志

图 5-1-4　危险化学品标志 4 有毒气体标志

底色：红色
图形：火焰（黑色或白色）
文字：黑色或白色

底色：红白相间的垂直宽条（红7、白6）
图形：火焰（黑色）
文字：黑色

图 5-1-5　危险化学品标志 5　易燃液体标志

图 5-1-6　危险化学品标志 6　易燃固体标志

底色：上半部白色
图形：火焰（黑色或白色）
文字：黑色或白色

底色：蓝色，下半部红色
图形：火焰（黑色）
文字：黑色

图 5-1-7　危险化学品标志 7　自燃物品标志

图 5-1-8　危险化学品标志 8　遇湿易燃物品标志

底色：柠檬黄色
图形：从圆圈中冒出的火焰（黑色）
文字：黑色

底色：柠檬黄色
图形：从圆圈中冒出的火焰（黑色）
文字：黑色

图 5-1-9　危险化学品标志 9　氧化剂标志

图 5-1-10　危险化学品标志 10　有机过氧化物标志

底色：白色
图形：骷髅头和交叉骨形（黑色）
文字：黑色

底色：白色
图形：骷髅头和交叉骨形（黑色）
文字：黑色

图 5-1-11　危险化学品标志 11　有毒品标志

图 5-1-12　危险化学品标志 12　剧毒品标志

底色：白色
图形：上半部三叶形（黑色），下半部白色，下半部一条垂直的红色宽条
文字：黑色

底色：上半部黄色
图形：上半部三叶形（黑色），下半部两条垂直的红色宽条
文字：黑色

图 5-1-13　危险化学品标志 13　一级放射性物品标志

图 5-1-14　危险化学品标志 14　二级放射性物品标志

底色：上半部黄色，下半部白色
图形：上半部三叶形（黑色）
下半部三条垂直的红色宽条
文字：黑色

底色：上半部白色，下半部黑色
图形：上半部两个试管中液体分别向金属板和手上滴落（黑色）
文字：（下半部）白色

图 5-1-15　危险化学品标志 15　三级放射性物品标志

图 5-1-16　危险化学品标志 16　腐蚀品标志

## 2. 副标志

底色：橙红色
图形：正在爆炸的炸弹（黑色）
文字：黑色

底色：红色
图形：火焰（黑色）
文字：黑色或白色

图 5-1-17　危险化学品标志 17　爆炸品标志

图 5-1-18　危险化学品标志 18　易燃气体标志

底色：绿色
图形：气瓶（黑色或白色）
文字：黑色

底色：白色
图形：骷髅头和交叉骨形（黑色）
文字：黑色

图 5-1-19　危险化学品标志 19　不燃气体标志

图 5-1-20　危险化学品标志 20　有毒气体标志

底色：红色
图形：火焰（黑色）
文字：黑色

底色：红白相间的垂直宽条（红7、白6）
图形：火焰（黑色）
文字：黑色

图 5-1-21　危险化学品标志 21　易燃液体标志

图 5-1-22　危险化学品标志 22　易燃固体标志

底色：上半部白色，下半部红色
图形：火焰（黑色）
文字：黑色或白色

底色：蓝色
图形：火焰（黑色）
文字：黑色

图 5-1-23　危险化学品标志 23　自燃物品标志

图 5-1-24　危险化学品标志 24　遇湿易燃物品标志

底色：柠檬黄色
图形：从圆圈中冒出的火焰（黑色）
文字：黑色

底色：白色
图形：骷髅头和交叉骨形（黑色）
文字：黑色

图 5-1-25　危险化学品标志 25　氧化剂标志

图 5-1-26　危险化学品标志 26　有毒品标志

底色：上半部白色，下半部黑色
图形：上半部两个试管中液体分别向金属板和手上滴落（黑色）
文字：（下半部）白色

图 5-1-27　危险化学品标志 27　腐蚀品标志

## 四、使用危险化学品标志

当某种危险化学品具有一种以上的危险性时，应用主标志表示主要危险性类别，并用副标志来表示重要的其他的危险性类别，如丙烯腈具有易燃性质和有毒性质，醋酸具有易燃性质和腐蚀性质等。丙烯腈主要危险性质是易燃，主标志是易燃液体标志，副标志是有毒标志。醋酸主要危险性质是易腐蚀，主标志是腐蚀标志，副标志是易燃标志。

标志的使用方法按《危险货物包装标志》（GB 190—2009）的有关规定执行，方法如下：

### 1. 标志的标打

标志的标打可采用粘贴、钉附及喷涂等方法。

### 2. 标志的位置规定

箱状包装，位于包装端面或侧面的明显处；袋、捆包装，位于包装明显处；桶形包装，位于桶身或桶盖处；集装箱、成组货物，粘贴四个侧面。标志应由生产单位在货物出厂前标打，出厂后如改换包装，其标志由改换包装单位标打。

## 五、化学品安全标签的内容

化学品安全标签用简单、明了、易于理解的文字、图形符号和编码的组合形式表示化学品所具有的危险性和安全注意事项。化学品安全标签有以下内容：

### 1. 化学品和其主要有害组分标志

具体包括化学品名称、分子式、化学成分及组成、编号、标志。

### 2. 警示词

根据化学品的危险程度和类别，用"危险""警告""注意"三个词分别进行危害程度（高度、中度、低度）的警示。当某种化学品具有两种及两种以上的危险性时，用危险性最大的警示词。

### 3. 危险性概述

简要概述化学品燃烧爆炸危险特性、毒性和对人体健康危害及环境危害。

### 4. 安全措施

表述化学品在处置、搬运、储存和使用作业中必须注意的事项和发生意外时简单有效的救护措施等，要求内容简明、重点突出。

### 5. 灭火

化学品为易（可）燃或助燃物质，应提示有效的灭火剂和禁用的灭火剂以及灭火注意事项。若化学品为不燃物质，此项可略。

### 6. 批号

注明生产日期及生产班次。生产日期用××××年××月××日表示，班次用××表示。

### 7. 提示

应说明可以向生产销售企业索取安全技术说明书。

### 8. 生产企业

名称、地址、邮编、电话应予注明。

### 9. 应急咨询电话

填写化学品生产企业的应急咨询电话和国家化学事故应急咨询电话。

## 六、制作化学品安全标签

（1）编写标签正文应简单、明了、易于理解，要采用规范的汉字表述，也可以同时使用少数民族文字或外文，但意义必须与汉字相对应，字形应小于汉字。相同的含义应用相同的文字和图形表示，具体参照《化学品安全标签编写规定》（GB15258—2009）附录A、附录B所提供的短语进行编写。当某种化学品有新的信息发现时，标签应及时修订、更改。

（2）标签内标志的颜色按《化学品安全标签编写规定》（GB 15258—2009）的规定执行，正文应使用与底色反差明显的颜色，一般采用黑白色。

（3）印刷标签的边缘要加一个边框，边框外应留≥3 mm的空白。标签的印刷应清晰，所使用的印刷材料和胶粘材料应具有耐用性和防水性。安全标签可单独印刷，也可与其他标签合并印刷。

## 七、危险化学品包装的含义

化学品包装是化学工业中不可缺少的组成部分。一种产品从生产、销售到使用，在经过装卸、储存、运输等过程中，产品将不可避免地受到碰撞、跌落、冲击和震动。一个合格的包装，将会很好地保护产品，减少运输过程中的破损，使产品安全地到达用户手中。

化学品包装是化学工业中不可缺少的组成部分。一个好的包装在储存、运输等过程中能很好地保护产品，我国对危险化学品的包装有着严格的要求，先后制定了相关的规章和标准，如国家标准《危险货物运输包装通用技术条件》（GB 12463—2009）、《危险货物包装标志》（GB 190—2009）、《危险货物运输包装类别划分方法》（GB/T 15098—2008）、《公路运输危险货物包装检验安全规范》（GB 19269—2009）等。

《危险化学品安全管理条例》（国务院令第591号）中关于危险品的包装，明确规定：危险化学品的包装应当符合法律、行政法规、规章的规定以及国家标准、行业标准的要求。危险化学品包装物、容器的材质以及危险化学品包装的型式、规格、方法和单件质量（重量），应当与所包装的危险化学品的性质和用途相适应。

合格的包装是化学品储运、经营和使用安全的基础。合格的包装物应具有如下功能：

①减少运输中各种外力的直接作用。

②防止危险品撒漏、挥发和不当接触。

③便于装卸、搬运。

危险品包装从使用角度分为前售包装和运输包装，运输包装通常包括常规包装容量（大容量 $\leqslant 450$ L，且最大净重 $\leqslant 50$ kg）、中型散装容器、喷雾罐和小型气体容器、便携式罐体和多元气体容器等。

## 八、危险化学品包装原则

（1）遮盖原则。

防止危险化学品因接触雨、雪、阳光、潮湿空气等其他物质而变质，或发生剧烈的化学反应，造成事故。

（2）稳定原则。

化学品运输过程中不免受到碰撞、震动、摩擦和挤压，在包装的保护下保持完整和相对稳定的状态，减少碰撞、摩擦等机械损伤，从而保证运输安全。

（3）隔离原则。

防止因撒漏、泄漏、挥发以及与性质不相容（相互抵触或能相互作用）的货物直接接触而发生事故，污染或腐蚀运输设备及其他货物。

（4）方便装运原则。

便于装卸、搬运、堆垛和保管。

## 九、危险化学品包装的基本要求

根据《危险货物运输包装通用技术条件》（GB 12463—2009），合格的危险化学品包装要具备下列基本要求：

（1）包装应结构合理、具有一定强度、防护性能好。其构造和封闭形式应能承受正常运输条件下的各种作业风险，不应因温度、湿度或压力的变化而发生任何渗（撒）漏，包装表面不允许黏附有害的危险物质。

包装与内装物直接接触部分，必要时应有内涂层或进行防护处理，包装材质不得与内装物发生化学反应而形成危险产物或导致削弱包装强度。复合包装的内容器和外包装应紧密贴合，外包装不得有擦伤内容器的凸出物。易碎性物品应使用与内装物性质相适应的衬垫材料或吸附材料衬垫妥实。

盛装液体的容器，应能经受在正常运输条件下产生的内部压力，灌装时必须留有足够的膨胀余量（预留容积），除另有规定外，并应保证在温度为55℃时，内装液体不致完全充满容器。包装封口应根据内装物性质采用严密封口、液密封口或气密封口。

（2）盛装需浸湿或加有稳定剂的物质时，其容器封闭形式应能有效地保证内装液体（水、溶剂和稳定剂）的百分比，在储运期间保持在规定的范围以内。有降压装置的包装，其排气孔设计和安装应能防止内装物泄漏和外界杂质进入。

（3）包装所采用的防护材料及防护方式，应与内装物性能相容且符合运输包装件总体性能的需要，能经受运输途中的冲击与震动，当内容器破坏、内装物流出时也能保证外包装安全无损。

（4）盛装爆炸品的包装除上述要求外，还应满足如下要求：盛装液体爆炸品容器的封闭形式，应具有防止渗漏的双重保护；除内包装能充分防止爆炸品与金属物接触外，铁钉和其他没有防护涂料的金属部件不得穿透外包装；双重卷边接合的钢桶，金属桶或以金属作衬里的包装箱，应能防止爆炸物进入隐缝，钢桶或铝桶的封闭装置必须有合适的垫圈。

包装内的爆炸物质和物品，包括内容器，必须衬垫妥实，在运输中不得发生危险性移动。盛装有对外部电磁辐射敏感的电引发装置的爆炸物品，包装应具备防止所装物品受外部电磁辐射源影响的功能。

### 1. 标记与标签

危险化学品的包装标志包括标记和标签，其中标记4个，标签26个。标记分别为危害环境物质标记、方向箭头标记和高温标记。一般情况下，当危险化学品具有危害水环境的危险性时，需要标上危害环境物质标记；当盛装液体或冷冻液化气体时，需要方向箭头标记；当运输温度不低于100℃的液态物质或温度不低于240℃的固态物质时需要高温标记。具体设置要求见国标《危险货物包装标志》（GB 190—2009）。

标签表现内装货物的危险性分类，当危险货物具有不止一种危险性时，应根据《危险货物分类和品名编号》（GB 6944—2012）中的规定来确定货物的主要危险性类别和次要危险性类别，标上主要危险性标签和次要危险性标签。图标和适用危险类别见表5-1-3。

表 5-1-3　图标和适用危险类别

| 图标 | | | | |
|---|---|---|---|---|
| 适用危险类别 | 爆炸性物质<br>自反应物质<br>有机过氧化物 | 易燃气体　发火液体<br>易燃气溶胶　发火固体<br>易燃液体　自然物质<br>易燃固体　遇水放出易燃气体物质<br>自反应物质　有机过氧化物 | 氧化性气体<br>氧化性固体<br>氧化性液体 | 高压气体 |

以上为物理危害性

| 图标 | | | | |
|---|---|---|---|---|
| 适用危险类别 | 急性毒性<br>皮肤腐蚀/刺激性<br>严重损伤/眼刺激性<br>呼吸或皮肤致敏性<br>特定靶器官系统毒性（单次接触）<br>危害臭氧层 | 急性毒性 | 金属腐蚀剂<br>皮肤腐蚀/刺激性<br>严重眼损伤/眼刺激性 | 呼吸或皮肤致敏性<br>生殖细胞致突变性<br>致癌性<br>生殖毒性<br>特定靶器官系统毒性（单次接触）<br>特定靶器官系统毒性（反复接触）<br>吸入危害性 | 危害水生环境物质 |

以上为健康和环境危害性

## 2. 包装的代号

危险化学品的包装代号包含了包装物的材质、包装类别、包装型式等信息，其中包装类别用小写英文字母 x、y、z 表示。包装容器的型式用阿拉伯数字 1、2、3、4、5、6、7、8、9 表示。包装容器的材质用大写英文字母 A、B、C、D、E、F、G、H、L、M、N、P、K 表示，见表 5-1-4~ 表 5-1-6。

表 5-1-4　包装类别的标记代号（一）

| 类别代号 | 包装类别 |
|---|---|
| x | 表示符合Ⅰ、Ⅱ、Ⅲ类包装要求 |
| y | 表示符合Ⅰ、Ⅱ类包装要求 |
| z | 表示符合Ⅲ类包装要求 |

表 5-1-5　包装容器的标记代号（二）

| 数字 | 类型 | 数字 | 类型 |
|---|---|---|---|
| 1 | 桶 | 6 | 复合包装 |
| 2 | 木琵琶桶 | 7 | 压力容器 |
| 3 | 罐 | 8 | 筐、篓 |
| 4 | 箱、盒 | 9 | 瓶、坛 |
| 5 | 袋、软管 | | |

表 5-1-6　包装容器的材质标记代号（三）

| 代号 | 材质 | 代号 | 材质 |
|---|---|---|---|
| A | 钢 | H | 复合包装 |
| B | 铝 | L | 压力容器 |
| C | 天然木 | M | 筐、篓 |
| D | 胶合板 | N | 瓶、坛 |
| F | 再生木板 | P | 玻璃、陶瓷 |
| G | 硬质纤维板、硬纸板 | K | 柳条、荆条 |

危险品的包装代号，分单一包装组合标记代号和复合包装组合标记代号。

（1）单一包装。单一包装代号由一个阿拉伯数字和一个英文字母组成，英文字母表示包装的材质，其左边平行的阿拉伯数字代表包装容器的型式。英文字母右下方的阿拉伯数字代表同一类型包装容器不同开口的型号。

例：1A——钢桶；1A1——闭口钢桶；1A2——中开口钢桶；1A3——全开口钢桶。

（2）复合包装。复合包装代号由一个表示复合包装的阿拉伯数字"6"和一组表示包装材质和包装型式的字符组成。这组字符为两个大写英文字母和一个阿拉伯数字。第一个英文字母表示内包装的材质，第二个英文字母表示外包装的材质，右边的阿拉伯数字表示包装型式，如 6HA1 表示内包装为塑料容器、外包装为钢桶的复合包装。

危险货物常用的运输包装及包装组合代号见国标《危险货物运输包装通用技术条件》（GB 12463—2009）附录。

除了上述组合代号以外，包装代号还包括以下内容：

S——拟装固体的包装标记。

L——拟装液体的包装标记。

R——修复后的包装标记。

GB——符合国家标准要求。

项目五 特性货品

## 课后习题

**[单选题]**

1. 包装容器上的材质标记代号 H 代表（   ）。
   A. 天然木　　　　B. 再生木板　　　　C. 复合包装　　　　D. 压力容器

2. 遇热、遇潮容易引起燃烧、爆炸或产生有毒气体的危险货物，在装运时应采用（   ）措施。
   A. 隔热、防潮　　B. 密封　　　　　　C. 防尘　　　　　　D. 避高温

3. 当某种危险化学品具有一种以上的危险性时，应用（   ）表示主要危险性类别。
   A. 标志　　　　　B. 主标志　　　　　C. 指示灯　　　　　D. 副标志

**[多选题]**

4. 根据化学品的危险程度和类别，用（   ）三个词进行危害程度的警示。
   A. 危险　　　　　B. 警告　　　　　　C. 注意　　　　　　D. 警惕

# 任务二　易腐性冷藏货品知识

## 任务描述

炎炎夏日，小一和妈妈一起逛超市，走进超市直奔生鲜区，货架上摆放着各色各样的生鲜食品，而且透着冷气，他们采购了满满一购物车，有黄鱼、鸡蛋、鲜牛奶、猪肉、牛肉、速冻水饺、奶黄包、山竹、西蓝花、白菜，满意而归的小一回家以后却犯了愁，这些货品该怎么保存呢？

**思考：**请给小一支支招，这些易腐货品应该如何储存呢？

## 任务实施

步骤一：将货品进行分类。

参照相关知识，进行小组讨论，分析货品属性，将货品进行分类，说明分类依据。

步骤二：记录不同种类易腐货物的包装。

结合生活常识，整理并记录以上不同类别易腐货品的包装并记录在表 5-2-1 中。

137

表 5-2-1　易腐货品的包装

| 类别（名称） | 包装的类型 | 包装的优点 | 包装的缺点 |
|---|---|---|---|
|  |  |  |  |
|  |  |  |  |
|  |  |  |  |
|  |  |  |  |

注：可根据内容自行加行。

步骤三：为不同货品选择合适的储存方法。

以上货品都属于易腐货品，对储存条件具有较高要求，结合生活常识和专业知识，给出货物储存方法的建议并记录在表 5-2-2 中。

表 5-2-2　易腐货品的养护方式

| 货品类型 | 温湿度要求 | 储存方法 | 其他 |
|---|---|---|---|
|  |  |  |  |
|  |  |  |  |
|  |  |  |  |

注：可根据内容自行加行。

## 知识链接

易腐货品是指在常温条件下易腐烂变质的货品。多数易腐货品运输必须使用冷藏运输工具，故又称"冷藏货品"。易腐性冷藏货品是指在常温条件下经过长时间的运输和储存，容易发生腐烂变质，必须在低温条件下进行运输和储存，才能保证其质量的货品。

## 一、易腐货物的属性

### （一）易腐货品的腐败机理与腐败过程

易腐货品在保管或运输过程中，由于自身的原因或外界环境的影响，使其成分发生分解变化，产生恶臭、异味和毒素，逐渐失去其食用价值，这种现象称为腐败。易腐性冷藏货品主要是指食品类，食品主要包括动物性食品和植物性食品。

引起易腐货品腐败的原因主要有以下四种：

### 1. 微生物作用

微生物作用又称生物作用，主要指霉菌、病菌的作用，食品被微生物分泌出的酶和毒素作用下迅速分解，使之成为适合微生物繁殖的营养物质。随着微生物的几何级数繁殖，越来越加速食品的分解、消耗，最终导致其腐败变质。动物性食品屠宰过后，其构成细胞已死亡，本身不能控制体内引起变质的酶的作用，也就不能抵抗外来微生物的入侵，这就是动物性食品腐败变质的主要原因。

### 2. 呼吸作用

呼吸作用又称生物化学作用，指植物性的食品虽离开母株，但本身仍有生命活动，吸收氧气并释放出二氧化碳、水分和热量。它们用呼吸作用产生的免疫功能抵御外界微生物的入侵，但以消耗自身体内的营养物质为代价，所以水果、蔬菜这个活动过程称为后熟作用。

植物性食品由于呼吸作用，果实逐渐由青转黄，由硬变软；蔬菜则由绿转黄，随着营养物质的消耗、水分的蒸发，它们抗微生物的能力便会下降，促使其呼吸强度继续增大，最终腐烂或枯萎。

### 3. 化学作用

化学作用又称氧化作用，即果蔬碰伤、表皮受损后，果蔬为抵抗微生物的入侵，自身会加强呼吸作用，使食品碰伤部位的成分被氧化，生成黑褐色的物质，这就加速了自身的成熟过程，从而很快腐败变质。

### 4. 其他作用

其他作用如鼠类、昆虫的叮咬，人为的机械损伤，也会促使易腐食品的腐败过程。

## （二）易腐货品的分类

### 1. 按货品类别分类

按货品类别可分为肉类、动物油脂、鲜鱼介类、蛋及其制品、乳及其制品、鲜水果类和鲜蔬菜等。

### 2. 按货物储藏温度分类

按货物储藏温度可分为冻结性易腐货物、冷温性易腐货物和凉温性易腐货物。

（1）冻结货品：运输温度为 $-18 \sim -20\ ℃$，如肉类、鱼类、黄油等。在长途运输中，以完全冻结的状态储藏，不需要进行舱内换气，如图 5-2-1 所示。

图 5-2-1　冻结货品

（2）冷温货品：冷温是指不充分的冷冻状态，运输温度为 –1~2 ℃。如生鲜肉、鱼类的短途运输，以及必须用不致引起冻结的低温来储藏的鲜蛋、生果实等都采用冷温运输，如图 5-2-2 所示。

图 5-2-2　冷温货品

（3）凉温货品：运输温度为 4~10 ℃。如水果、蔬菜的短途运输，干肉、熏肉、咸肉、鱼干、熏鱼、咸鱼需用凉温储藏，如图 5-2-3 所示。

图 5-2-3　凉温货品

## 二、易腐冷藏货品的包装

易腐冷藏货品的包装如图 5-2-4~图 5-2-6 所示。

### （一）便于运输

（1）具有足够的强度、刚度与稳定性。

（2）具有防水、防潮、防虫、防腐、防盗等防护功能。

（3）包装材料应选用符合经济、安全要求的。

（4）包装重量、尺寸、标志、形式等应符合国际与国家标准，便于搬运与装卸。

（5）符合环保要求。

图 5-2-4　易腐冷藏货品的包装（一）

## （二）防止损伤

防止碰伤、压伤、震动和擦伤。

图 5-2-5　易腐冷藏货品的包装（二）

## （三）保持水分

## （四）通风和低温

图 5-2-6　易腐冷藏货品的包装（三）

## 三、易腐冷藏货品的保管养护

### （一）易腐货品养护要求

易腐货品在流通、保管过程中需要适宜的储运环境、生存条件来维持其生命、生理状态或物态。易腐货品保养的措施，主要应从以下六个方面考虑：

#### 1. 减免货品的机械损伤

在采摘、包装、搬运、堆码、存放、装卸等作业中尽量防止货物破裂、折断、压碰、磨损，避免机械损伤。

#### 2. 保持适当的温度

在运输和储存过程中，通常采用控制温度的方法使货品获得均匀、稳定的低温，达到抑制细菌繁殖、防止易腐货品腐烂的目的。

#### 3. 保持适当的湿度

湿度就是空气中含水蒸气的程度，通常用百分比表示。以果蔬为例，湿度越大细菌繁殖就越快；但若湿度过小，果蔬自身的水分蒸发加快，使果蔬易于干缩、枯萎，减轻货物重量，失去新鲜状态。所以易腐货品在储运过程中始终保持适当的湿度是十分重要的。

#### 4. 保持良好的卫生环境

良好的卫生状态可以降低易腐货品被微生物沾染的概率，所以用于存放易腐货品的地点、包装和其他运输设备都必须保持清洁，符合卫生条件。

#### 5. 注意通风换气

通风换气是为了保证易腐货品呼吸作用的正常进行，及时的通风换气可排除呼吸作用释放出的二氧化碳、水蒸气和热量，补充新鲜空气，防止其缺氧。

#### 6. 组织快速运输

易腐货品发生腐烂、变质的过程，有化学变化、生物化学变化等，以上五种措施只能延缓其理化、生化过程，而不能停止这些变化。

因此，缩短易腐货品的运输时间是保证运输质量的一项重要措施。

### （二）入库验收

易腐冷藏货品入库前必须做好检查和验收工作，有发霉、变质、腐败、不洁的食品和原料，不准入库。

对易腐性冷藏货品进行入库验收，其工作内容主要包括数量检验、包装检验和质量检验。

### 1. 数量检验

根据供货单位规定的计量方法进行数量检验，或过磅，或检尺换算，以准确地测定出全部数量。

方法主要有两种：一种是逐件点数计总；另一种是集中堆码点数。数量检验除规格整齐划一、包装完整者可抽验 10%~20% 外，其他应采取全验的方法，以确保入库物资数量的准确。

### 2. 包装检验

对每件货物的包装要进行仔细地查看，查看包装有无破损、水湿、渗漏、污染等异常情况。出现异常情况时，可打开包装进行详细检查，查看内部货物有无短缺、破损或变质等情况。

### 3. 质量检验

仓库一般只进行物资的外观形状和外观质量的检验。

进口物资或国内产品需要进行物理、化学、机械性能等内在质量检验时，应请专业检验部门进行化验和测定，并进行记录。

## （三）易腐货品的冷藏保管

### 1. 冷藏的优点

（1）能很好地保持食品原有的色、香、味不变。

（2）冷源价格比较低廉，加工成本不高。

（3）适合对食品进行大规模加工。

（4）冷藏食品对人体健康无不良影响。

### 2. 冷藏方法

（1）冷却方法。

植物性食品为了保持其新鲜状态，一般多采用冷却状态下储藏。因为水果与蔬菜采摘后仍有生命活动，本身能控制机体内酶的作用，其呼吸作用可抵御微生物的入侵，它们与采摘前所不同的是不能再从母株中获得水分和营养物质，而是不断消耗在继续生存中积累的营养物质和水分。随着呼吸作用的延续，其本身的色泽、风味、质地、营养成分也逐渐变化。为了便于长期储藏，就必须降低其呼吸强度，控制在适当范围，否则会引起生理病害；温度降低，水果、蔬菜呼吸强度也降低，但温度过低，反而会出现冻坏现象，所以根据水果、蔬菜品类的不同，都有各自合适的冷却温度。在合适的温度环境中，为避免由于植物性食品内的水分过分蒸发而影响其外观和质量，一般在储藏环境中，也要求保持一定的空气相对湿度。

（2）冻结方法。

适合对动物性食品的加工。因为动物性食品屠宰过后，所有构成组织的细胞均已死亡，对微生物的入侵也无能为力，所以储藏温度越低，储藏时间就越长。

冻结加工方法有两种，一种是慢冻，另一种是速冻。慢冻时，由于冻结速度慢，食品中细胞和细胞间首先出现冰晶，细胞内尚未冻结的液体由于外面汁液浓度的增大和饱和蒸汽压的降低，促使细胞内液体水透过细胞膜扩散出来，使大部分水冻结在细胞间隙中，形成大冰晶，体积便会增大9%，对细胞壁产生张力，而细胞壁在0 ℃以下逐渐硬化，就会造成刺穿细胞膜。当食品解冻时，便会有大量汁液流出，导致食品质量明显下降。速冻时，由于冻结速度快，细胞内、外几乎同时产生小冰晶，这样，细胞内外压力一致，解冻后可恢复食品的原貌。

## 课后习题

在周边选择一家超市进行调研，选择典型的易腐冷藏货品了解相关情况并记录在表5-2-3中。

表5-2-3　××超市易腐冷藏货品情况记录

| 货物品类 | 货物名称 | 温湿度要求 | 包装方式 | 储存方法 | 注意事项 |
| --- | --- | --- | --- | --- | --- |
|  |  |  |  |  |  |
|  |  |  |  |  |  |
|  |  |  |  |  |  |
|  |  |  |  |  |  |
|  |  |  |  |  |  |
|  |  |  |  |  |  |
|  |  |  |  |  |  |

项目五 特性货品

# 任务三 长大、笨重货品知识

## 任务描述

据媒体报道：2019年3月11日早晨7时许，阜阳市南京路与阜康路交叉口，一辆大货车路口侧翻，由于侧翻的巨大撞击力，驾驶室一侧损毁严重。幸运的是，事发后驾驶员自行从车内爬出，身体没有大碍。据驾驶员介绍，事故原因可能由于车上装载的混凝土圆柱形构件没固定牢，车辆转弯时构件移向车厢一侧，重心发生偏移而导致翻车。幸亏当时没有其他车辆经过，否则后果不堪设想。

思考：

（1）车上装载的混凝土圆柱形构件属于哪种货品？这种货品有何特点？

（2）混凝土圆柱形构件等长大、笨重货品装载加固应达到怎样的技术要求？

（3）混凝土圆柱形构件等长大、笨重货品应该如何进行安全运输组织？

## 任务实施

步骤一：认知长大、笨重货品的特点和分类。

分析任务描述中的混凝土圆柱形构件的性质和特点，参照相关知识，进行小组讨论，并完成表5-3-1中知识点的解答。

表5-3-1 长大、笨重货品的特点和分类

| 序号 | 知识点 | 解答内容 |
| --- | --- | --- |
| 1 | 混凝土圆柱形构件属于哪一类货品？ | |
| 2 | 你认为什么样的货品算长大、笨重货品？ | |
| 3 | 长大、笨重货品怎么分类？ | |
| 4 | 什么是大件货品？ | |
| 5 | 如何确定大件货品的最后级别？ | |

步骤二：掌握长大、笨重货品的装载加固技术要求。

混凝土圆柱形构件属于长大、笨重货品，如果在运输前不进行捆扎加固，在运输中，车

145

辆转弯或急刹车时，货品很容易移向车厢一侧，车辆重心发生偏移导致翻车甚至更严重的交通安全事故。请各小组查找资料并进行讨论，交流长大、笨重货品的装载加固技术要求。

步骤三：绘制长大、笨重货品运输组织一般流程。

各小组成员可选择一种较熟悉的长大、笨重货品，进行角色模拟，体验并绘制出大件货品运输组织的一般流程。

### 知识链接

## 一、长大、笨重货品的概述

与普通货品相比，有一类货品在运输、保管及装卸等作业过程中必须采取特别措施、特殊工艺，这类货品称为特性货品。特性货品主要包括危险货品，长大、笨重货品，鲜活货品和贵重货品等。因此，长大、笨重货品属于特性货品的一种。

### （一）长大、笨重货品的概念

在物流运输中，凡单件某一尺度超过限定数值的货品被称为长大货品；凡单件重量超过限定数值的货品称为笨重货品。一般情况下，长大货品往往是笨重的，笨重货品中有些又是长大的，所以通常称这类货品为长大、笨重货品。

在我国，不同运输部门对长大、笨重货品的定义有不同的解释。如公路运输，长大、笨重货品是指单件（含因货品性质或托运人要求不能分割、拆散的组合件和捆扎件）长度超过 6 m，或高度超过 2.7 m，或宽度超过 2.5 m，或重量超过 4 t 的货品。铁路运输，货品装车后，车辆停留在水平直线上，车辆纵中心线与线路中心线处于同一垂直平面上时，货品的任何部位超出机车车辆限界基本轮廓或货品装车后，车辆行经半径为 300 m 的曲线时，货品任何部位的计算宽度超限时称为长大货品（超限货品）；笨重货品（超重货品）是指货品装车后，重车总重荷载效应超过桥涵设计荷载标准的货品。水上运输，长大、笨重货品是指单件重量过重，以致不能使用一般的起吊设备进行装卸，或当单件尺度过长、过宽或过高，以致在装载方面受到一定限制的货品。长大、笨重货品承运时，应在货物运单内填明单件重量和体积（长、宽、高），并在货件上标明，以利于运输中积载、装卸和计费。

### （二）长大、笨重货品的特点

#### 1. 长大、笨重性

长大、笨重货品最明显的特征就是笨、重、大，外形尺寸和重量一般超过常规车辆、船舶装载规定，不仅重量大，而且体积庞大。如某乙烯项目超限设备丙烯塔，直径 7.14 m、高度 51.85 m、重达 500 t（图 5-3-1）。因此，长大、笨重货品组织装载、运输的难度和风险要远远高于普通货物的装载和运输。

### 2. 局部的脆弱性

长大、笨重货品作业时，要特别注意货品局部部位的脆弱性，如有些设备中的电脑部件、仪表部件等，很容易因运输、装卸搬运不慎而造成破碎损坏。因此，长大、笨重货品装卸搬运作业

图 5-3-1 丙烯塔

前，应认真查看"货品清单"，弄清楚清单中每件货品的重量、尺度和特性，制定好作业方案，确保安全。

### 3. 成套性

很多的长大、笨重货品属于成套装备的一部分，一般有主构件和装配件之分，这些货件都具有成套性。运输、保管和装卸中应该注意防止成套装备中的个别构件丢失或损坏。

### 4. 高价值、高运费

很多的长大、笨重货品具有价值高的特点，关系到国家重点工程项目建设，运费也较高。

### 5. 运输难度大、风险高

由于长大、笨重货品的特殊性，组织运输难度大、风险高。因此，长大、笨重货品运输对运输组织的专业性、规范性和安全性提出了更高的要求。运输企业需要具备专业化服务和一体化运输能力，如运输资质、具有特种运输工具和专业技术装备、线路勘测和路桥加固、排障通行能力、方案设计和联系协调能力等。

## （三）长大、笨重货品的分类

### 1. 按运输中有无包装分类

（1）包装重件：指外形整齐、规则，加有包装的重件货物，如机床、大多数机械设备等。包装重件常采用木板围框型包装，包装底部是坚固的粗方木，保证了足够的强度。

（2）裸装重件：指外形畸形、不加包装的重件货物，如机车、坦克、重炮、重型机械和工厂装备组合构件等。裸装重件外形因不规则，所以装运时常常需拆除部分外构件，以避免这些构件受损。拆除的构件应另加合适的包装，妥善保管。

### 2. 按货品本身的实际特点分类

（1）钢铁制品类：常见的如钢板（图 5-3-2）、卷钢和型钢等钢材。这类货物多数无包装，通常堆存在库外场地。

（2）运输机械类：常见的如机车车头、车厢和大型平板车（图5-3-3）等机械。这类货物也多数无包装，堆存在库外场地。

图5-3-2　钢板

图5-3-3　大型平板车

（3）成套设备类：常见的如炼钢用炉、发电机和蒸馏塔（图5-3-4）等成套设备。这类货物单件重量大多在10 t以下，也有少数重量极大的。多数用大木箱包装，应安排在库内存放，若体积大者可在库外存放，但需加盖苫布，妥善保管。

（4）其他货品类：常见的如桥梁、驳船和集装箱等。

图5-3-4　蒸馏塔

### 3. 按其重量与长度分类

（1）一级长大、笨重货品：货物长度在6 m以上至10 m或重量在4 t以上至8 t的货品。

（2）二级长大、笨重货品：货物长度在10 m以上至14 m或重量在8 t以上至20 t的货品。

（3）三级长大、笨重货品：货物长度在14 m以上或重量在20 t以上的货品。

## （四）大件货品的概念及等级分类

### 1. 大件货品的概念

在长大、笨重货品中，如满足下列条件之一的则称为大件货品：

（1）长度在14 m以上或宽度在3.5 m以上或高度在3 m以上的货品；

（2）重量在20 t以上的单体货品或不可解体的成组（捆）货品。

由此可见，大件货品具有超长、超宽、超高和超重的特点。哪些货品才算大件货品呢？大件货品采用什么运输工具？其类型见表5-3-2。

表5-3-2　大件货品类型

| 类型 | 尺寸或重量 | 常见货品 | 采用运输工具 |
| --- | --- | --- | --- |
| 超长货品 | 长度在14 m以上的货品 | 钢材、原木、毛竹、水泥、电杆等 | 加长/大型/半挂货车 |
| 超宽货品 | 宽度在3.5 m以上的货品 | 大型锅炉、变压器、超宽的机械设备等 | 大型平板汽车列车 |

续表

| 类型 | 尺寸或重量 | 常见货品 | 采用运输工具 |
|---|---|---|---|
| 超高货品 | 高度在 3 m 以上的货品 | 工程设备构件、锻压机、立式车床等 | 大型货车 |
| 超重货品 | 重量在 20 t 以上的单体货物或不可解体的成组（捆）货物 | 挖掘机、推土机、大型金属铸件等 | 半挂货车/大型平板汽车列车 |

### 2. 大件货品的等级分类

大件货品按其外形尺寸和重量（含包装和支承架），可分为四个等级，见表 5-3-3。

表 5-3-3　大件货品等级分类

| 序号 | 等级 | 标准 |
|---|---|---|
| 1 | 一级 | 达到下列标准之一：<br>（1）长度大于等于 14 m 小于 20 m；<br>（2）宽度大于等于 3.5 m 小于 4.5 m；<br>（3）高度大于 3 m 等于小于 3.8 m；<br>（4）重量大于等于 20 t 小于 100 t |
| 2 | 二级 | 达到下列标准之一：<br>（1）长度大于等于 20 m 小于 30 m；<br>（2）宽度大于等于 4.5 m 小于 5.5 m；<br>（3）高度大于等于 3.8 m 小于 4.4 m；<br>（4）重量大于等于 100 t 小于 200 t |
| 3 | 三级 | 达到下列标准之一：<br>（1）长度大于等于 30 m 小于 40 m；<br>（2）宽度大于等于 5.5 m 小于 6 m；<br>（3）高度大于等于 4.4 m 小于 5 m；<br>（4）重量大于等于 200 t 小于 300 t |
| 4 | 四级 | 达到下列标准之一：<br>（1）长度在 40 m 及以上；<br>（2）宽度在 6 m 及以上；<br>（3）高度在 5 m 及以上；<br>（4）重量在 300 t 及以上 |

实际工作中，大件货品的最后等级按照其长、宽、高和重量四个条件中的级别最高的来确定。确认大件货品属于哪个级别，主要是因为不同级别的大件运输，对承运企业的类别要求是不同的。

> **想一想**
> 从事营业性道路大件货品运输的公路运输企业需要具备什么资质呢？

## 二、长大、笨重货品的装载加固

在长大、笨重货品的安全事故中，有些是货品的装载作业不规范、加固不牢引起的。由此可见，大件货品的装载、加固作业对承运企业安全、高效地完成承运任务是十分关键和重要的。那么长大、笨重货品的装载加固作业要达到怎样的技术要求呢？

### （一）长大、笨重货品装载加固的基本技术要求

在运输中，货品要受到各种外力的作用，可能产生纵向或横向的位移、滚动或倾覆。所以对货品进行加固的目的就是防止货品产生移动或滚动，保证货品、运输车辆的完整和行驶安全。货品装载加固的基本技术要求是：

（1）使货品均衡、合理、稳定地分布在货车上，不超载、不偏载、不偏重、不集重。

（2）货品能够经受正常调车作业以及车辆运行中各种力的作用，在运输全过程中，不发生移动、滚动、倾覆、倒塌或坠落情况。

### （二）长大、笨重货品装载加固作业的注意事项

（1）装载加固作业方案的设计要注意以下几个问题：

①分析货品的情况：如货品的自重、重心位置、外形尺寸、结构和装载运输要求。

②确定装载车辆：根据货品情况和装载运输要求，确定合适的装载车辆。

③确定装载方案：要充分掌握货品运输过程中可能碰到的各种情况，如路宽、路面坡度、允许通过高度、涵洞和桥梁负荷、货物在运输中对冲击和震动的要求等，结合长大、笨重货品装载要遵守的基本技术条件，确定装载方案。

④根据重车的重心高度，对货车整体的稳定性要进行验算，以保证汽车的行驶安全。

（2）采用的捆扎加固方法应与货品的重量、外形尺寸、形状结构、重心位置等相适应，确保货品纵向、横向不移位，不倾覆。

（3）使用的捆扎加固材料必须具有足够的强度，加固要牢固，防止货品在运输过程中产生移动或滚动，影响行车安全。

> **想一想**
> 长大、笨重货品可采用哪些捆扎加固方法？常用的捆扎加固材料有哪些呢？

（4）装载加固结束后，检查运输车辆状况，确认无误后起运。

## 三、长大、笨重货品的运输组织

由于长大、笨重货品一般具有超大、超重,有些形状不规则,部分精密性和科技含量高、价值高等不同于普通货品的特性,在运输过程中还可能受到桥、涵、路、洞等的影响,其组织运输的难度和风险远远高于普通货品。如何安全、高效地完成长大、笨重货品的运输任务呢?下面我们一起来学习长大、笨重货品的运输组织相关知识。

### (一)长大、笨重货品的运输组织流程

长大、笨重货品运输是指使用非常规的大型或专用汽车,载运外形尺寸和重量超过常规车辆装载规定的大型货品的运输。规范的运输组织流程有利于承运企业保质保量地完成长大、笨重货品的运输任务。其运输组织流程如图 5-3-5 所示。

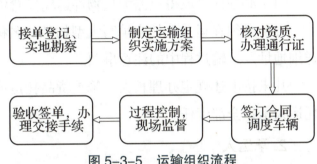

图 5-3-5 运输组织流程

**1. 接单登记、实地勘察**

业务员接单后登记备案;根据托运人提供的长大、笨重货品的性质、外廓尺寸、重量等信息,业务员会同技术员实地勘察作业现场和运输路线,了解沿途桥、涵、路、洞承载和通过能力,详细记载相关数据。

**2. 制定运输组织实施方案**

根据实地勘察情况,为切实保证运输的安全性和经济性,承运企业要充分考虑各个影响因素,制定出一个完善、可行的实施方案。

> **➡ 想一想**
> 在制定大件货品运输组织方案时,应该考虑哪些因素?一个完整的大件货品运输方案应该包括哪些内容呢?

**3. 核对资质,办理通行证**

核对承运的大件货品是否在企业经营许可范围之内。如是,按规定向公路管理机构申请办理《超限运输车辆通行证》。涉及其他部门的应事先向有关部门申报并征得同意,方可起运。

**4. 签订合同,调度车辆**

与货主签订运输合同,成立工作小组,明确职责,调度安排合适的车辆设备和作业人员。

**5. 过程控制,现场监督**

严格执行企业运输作业操作规范和安全管理制度,配备专职安全质量员全程监督。

#### 6. 验收签单，办理交接手续

运输作业结束后，与收货人一起检查货品运输质量，确认无误后，请收货人签收运输回单，办理交接手续。

### （二）长大、笨重货品运输组织的注意事项

#### 1. 托运人

托运人在办理长大、笨重货品托运时，要做到两个"必须"：

（1）必须向已取得道路大型物件运输经营资格的运输业户或其代理人办理托运。

（2）必须在运单上如实填写大型物件的名称、规格、件数、件重、起运日期、收发货人详细地址及运输过程中的注意事项。

凡未按上述规定办理长大、笨重货品托运或运单填写不明确，由此发生运输事故的，由托运人承担全部责任。

#### 2. 承运人

承运人在受理长大、笨重货品托运时，也要做到两个"必须"：

（1）必须根据托运人填写的运单和提供的有关资料，予以查对核实。

（2）承运长大、笨重货品的级别必须与批准经营的类别相符，不准受理经营类别范围以外的大型物件。

凡未按以上规定受理长大、笨重货品托运，由此发生运输事故的，由承运人承担全部责任。

#### 3. 装卸人

装卸人要制定长大、笨重货品装卸、加固技术方案和操作步骤，在装卸时要严格执行，确保安全。

长大、笨重货品运输的装卸作业，由承运人负责的，应根据托运人的要求、货物的特点和装卸操作规程进行作业。

长大、笨重货品运输的装卸作业，由托运人负责的，承运人应按约定的时间将车开到装卸地点，并监装、监卸。

在长大、笨重货品的装卸过程中，由于操作不当或违反操作规程，造成车货损失或第三者损失的，由承担装卸的一方负责赔偿。

#### 4. 安全行车

（1）车辆发动前要进行检查，检查车辆技术状况和长大、笨重货品装载和捆扎加固情况，确认无误后再起运。

（2）驾驶员要高度重视运输任务，行车时要集中精力，按核定的路线、时间、速度行驶。

（3）运输过程中要悬挂明显的安全标志，以警示来往车辆和行人。安全标志要悬挂在长大、

笨重货品最长、最宽、最高的部位，白天行车悬挂标志旗，夜间行车和停车休息时装设标志灯。

> **想一想**
> 未装设标志灯（旗）和装设不符要求的，会给予什么样的处罚呢？

（4）特殊超高的货品，要有专门车辆在前引路，以便排除障碍，顺利通行。

（5）运输途中的检查：在运输途中，定时检查长大、笨重货品的捆扎加固情况是否完好，如有不安全的隐患及时采取措施清除，以确保大件货品、运输工具的安全。

（6）对横坡和纵坡进行检查。

①横坡检查：通过横坡大于3%的道路，必须进行平板车的横坡校正，确保大件货品处于相对水平的状态。

②纵坡检查：通过较大的纵坡时，进行平板车的纵坡校正，确保大件货品处于相对水平的状态。

（7）车辆停放要求。

在运输过程中，夜间停放或中途停车必须选择道路坚实平整、路面宽阔、视线良好的地段停放，设置警戒线、警示标志，并派人守护；停放时间较长时，需要在平板车主梁下部支垫道木，降低平板车高度，主梁落在道木上，检查平板车压力表，将压力降低。

## 课后习题

**[单选题]**

1. 某大型设备，其长度为 16 m、宽度为 3.6 m、高度大于 3.5 m，应该属于一级，但其重量 120 t，达到了二级，那么就应该按（　　）大件货物来办理运输业务。

A. 一级　　　　B. 二级　　　　C. 三级　　　　D. 四级

2. 一级大件货物对长度的要求为：长度大于等于（　　）m 小于（　　）m。

A. 10；15　　　B. 12；18　　　C. 14；20　　　D. 15；20

**[多选题]**

3. 在道路货物运输中，属于特种货物运输的有（　　）。

A. 长大、笨重货品运输　　　　B. 危险货物运输
C. 贵重货品运输　　　　　　　D. 鲜活货品运输

4. 大件货物运输组织与一般货物运输相比具有（　　）。

A. 特殊装载要求　B. 特殊运输条件　C. 特殊安全要求　D. 特殊人员要求

**[调研题]**

5. 对日常生活中比较常见的长大、笨重货品进行调研，了解各种长大、笨重货品的特点。

# 参考文献

［1］吴晓斌．货物认知与养护［M］．北京：机械工业出版社，2011．

［2］李艳霞．货物知识［M］．北京：高等教育出版社，2012．

［3］霍红，牟维哲．货品知识［M］．北京：中国人民大学出版社，2019．

［4］吕芸．货物认知与养护［M］．北京：中国劳动社会保障出版社，2016．

［5］张智清．商品知识［M］．北京：高等教育出版社，2009．

［6］曹汝英．商品知识［M］．5版．北京：中国财政经济出版社，2019．

［7］熊健主．商品检验与包装［M］．北京：中国劳动社会保障出版社，2006．

［8］曾宪凤．商品养护［M］．重庆：重庆大学出版社，2011．

［9］孙宏岭．商品与商品养护［M］．北京：中国财富出版社，2016．

［10］汪永太．商品检验与养护［M］．大连：东北财经大学出版社，2019．

［11］杨登想．商品养护技术［M］．北京：化学工业出版社，2009．